Unsere Leute
Namuy Misag

Unsere Leute
Namuy Misag

Land, Bräuche und Glaubensvorstellungen der Guambianos

Zeichnungen und Texte des Guambiano
Francisco Tumiñá Pillimué
nacherzählt von Gregorio Hernández de Alba

Mit einem Essay von Brett Troyan

Herausgegeben von Godula Buchholz
Deutsch von Helmut Frielinghaus

Verlag Kurt Liebig

Die spanischsprachige Originalausgabe erschien 1949 unter dem Titel
Nuestra Gente · Namuy Misag in der Editorial Universidad del Cauca, Popayán, Kolumbien

Deutschsprachige Erstausgabe herausgegeben von Godula Buchholz
1. Auflage 2010
Copyright © 2010 by Godula Buchholz
Für den Essay von Brett Troyan Copyright © 2010 by Brett Troyan
Alle Rechte vorbehalten, auch das der fotomechanischen Wiedergabe

Übersetzung: Helmut Frielinghaus
Gestaltung: Kurt Liebig
Gesamtherstellung: modo Verlag Freiburg i.Br.
Printed in Germany
ISBN 978-3-938715-04-8

www.verlag-kurt-liebig.de

Wie es zu diesem Buch kam …

Es war, soweit ich mich erinnere, 1959, und es regnete in Strömen, als ich mich in Bogotá mit Teresa Arango Bueno traf, der rechten Hand des Direktors des Botanischen Gartens, Enrique Perez Arbelaez. In ihrer energischen Art schaute sie mich, die jüngere, an und zog dann einen großen alten, zerknitterten braunen Umschlag aus ihrer Handtasche, der adressiert war an: Señor Doctor Gregorio Hernández de Alba, calle 14#7-61 of. 309, La Ciudad, und als Absender einen Stempel trug: Secretaría de Educación Pública, Gobernación de Cundinamarca. Über der Adresse fand sich der handschriftliche Vermerk: Al Señor Buchholz, L.C.

Sie entnahm dem Umschlag das damals schon längst vergriffene Buch „Nuestra Gente – Namuy Misag", ein ungebundenes Exemplar, und sagte zu mir mit entschiedener Stimme: „Godula, este libro del indio Francisco Tumiñá Pillimué te doy a tí para que lo edites un día en alemán". („Godula, dieses Buch von dem Indio Francisco Tumiñá Pillimué übergebe ich dir, damit du es eines Tages auf deutsch veröffentlichst!")

Nach mehreren Anläufen in den vergangenen fünfzig Jahren liegt das Buch „Nuestra Gente – Namuy Misag" mit den schönen Zeichnungen des Indios nunmehr endlich in deutscher Sprache vor, ergänzt um einen erst kürzlich verfassten Essay der amerikanischen Ethnologin Brett Troyan.

Von 1951 bis 1962 lebte ich in Bogotá. In der Librería Buchholz Galería meines Vaters arbeitete ich im Buch- und Kunsthandel. 1960 unternahm ich, zusammen mit meiner Freundin und Mitarbeiterin, der Engländerin Ann Osborn, eine Reise nach *Tierra dentro*, neben San Agostín die Hauptausgrabungsstätte großer präkolumbianischer Steinfiguren.

In *Inzá*, dem Zentrum dieser Gegend, entschlossen wir uns in Begleitung eines ortskundigen Führers über den *Páramo de las Moras*, den ungefähr 3.700 m hohen Bergrücken, auf die andere Seite zu reiten. Wir erreichten das Dörfchen *Pueblito* am Rande der Hochsteppe kurz vor Einbruch der Dunkelheit. Das Huhn, das uns rührend freundliche Dorfbewohner bereiteten, wurde gackernd von seinem Schlafbaum geholt und eigens für uns geschlachtet.

Früh am nächsten Morgen, nach einer eiskalten Nacht, die wir in einem Holzverschlag verbracht hatten, stiegen wir in Begleitung aller Dorfbewohner durch einen Wald, auf einem kaum erkennbaren, von einem Dickicht rankender Pflanzen überwucherten Pfad zu der weiten Hochsteppe hinauf. Da endlich erblickten wir die geheimnisvolle *Laguna de Juan Tama* - man hatte uns die Legende von dem berühmten Cacique Juan Tama und dem Goldschatz erzählt.

Godula Buchholz mit den Bewohnern von *Pueblito* am Ufer der Laguna von *Juan Tama*

Nach diesem herrlichen Erlebnis trugen uns am Nachmittag die erstaunlich behenden Mulas (Maultiere) ein steiles Geröllbett hinunter nach Piendamó, zum *rancho* von Francisco Tumiñá Pillimué und seiner Familie. Neugierig, was uns zu ihnen führte, standen sie vor dem Haus und empfingen uns gastfreundlich. Der Becher mit guarapo kreiste, und an der wärmenden Feuerstelle luden sie uns zu einer wohlschmeckenden Suppe ein.

Nun, nach all den vielen Jahren, kann ich mein Versprechen endlich einlösen und Francisco Tumiñá, der wie ich hörte noch in Piendamó lebt, sein Buch, „Nuestra Gente – Namuy Misag" in deutscher Ausgabe schicken – in diesem besonderen Jahr 2010, in dem Kolumbien das zweihundertste Jahr seiner Befreiung feiert.

Auf meiner damaligen Reise habe ich die weite karge Landschaft und ihre Bewohner lieben gelernt, und so verbinden sich mir die Zeichnungen und Erzählungen in diesem Buch mit starken eigenen Erinnerungen an Erlebnisse, die ich nie vergessen werde. Vielleicht wird der eine oder andere Leser sich sagen: Dieses Land möchte ich kennen lernen.

Denklingen, April 2010   *Godula Buchholz*

Einführung

Die Indios von Guambía, auch Guambianos genannt, bewohnen seit Jahrhunderten ein Gebiet östlich von Popayán in der Provinz Cauca, nahe der kleinen Stadt Silvia, in der Zentralkordillere der Anden. Heute besitzen sie nur noch einen Bruchteil ihrer einstigen, an steilen Hängen über den Ufern des Piendamó[1] gelegenen Ländereien. Zwischen Felsgestein leuchtet das Grün ihrer Pflanzungen: Kohl, Zwiebeln, Kartoffeln, Mais und Weizen. Denn sie sind ein Volk von Ackerbauern. Sie beliefern den Markt von Silvia, versorgen aber auch Orte wie Popayán und Cali. Der schon lange währende Kontakt mit den Weißen und mit Mestizen hat bei ihnen den Sinn für die Verteidigung ihrer eigenen Kultur entwickelt, der sich im festen Zusammenhalt ausdrückt, im eifernden Beschützen ihrer Frauen, aber ebenso darin, dass sie genügend Spanisch lernen, um sich nicht übervorteilen zu lassen und auch um sich gewisse merkantile Raffinessen der „Zivilisierten" anzueignen.

Sie sind Katholiken auf ihre Art: eine Mischung aus der ihnen seit der Conquista[2] aufgezwungenen Religion und ihren eigenen traditionellen Glaubensvorstellungen, wobei sie heute zwischen beiden nicht mehr unterscheiden. Und sie haben auch einige, ihnen nützliche materielle Dinge unserer Kultur übernommen.

Kurz, sie sind eine Gruppe von Ureinwohnern in einem kulturellen Übergangsstadium oder einem transkulturellen Stadium, das zu kennen wichtig wäre und dessen Erforschung viele der sozialen Phänomene dieses unbekannten und unbeachteten Teils Kolumbiens erklären würde – die Regierenden haben sich nie darum gekümmert, und die Politiker kommen nur vor den Wahlen auf Stimmenfang in diesen Teil des Landes, den viele im Namen Gottes, des Gesetzes oder der Gerechtigkeit betrügen. Die Menschen, die hier leben, sind Indios und *campesinos* (Landbewohner), ethnische, kulturelle oder ökonomische Minderheiten.

Forscher des Ethnologischen Instituts der Universität der Provinz Cauca bemühen sich seit 1946 um möglichst exakte Kenntnis des guambianischen Volksstammes. Zu diesem

Zweck holten sie einen jungen Indio, Francisco Tumiñá Pillimué, nach Popayán, der bald eine vertraute Erscheinung in den klösterlichen Hallen der Universität war: saubere Sandalen, Umschlagetuch aus blauem Flanell, das auch die Beine umhüllte, einfache schmale *ruana*[3] und Filzhut. Der junge Mann erklärte ihnen die Bedeutung der Laute seiner Sprache und erzählte ihnen von den Bräuchen, Sitten und den Glaubensvorstellungen der Menschen seines Volkes. Für das Institut bedeutete das ein Vorankommen bei der Erforschung der Kultur der Ureinwohner Kolumbiens, denn es ist unser Anliegen, die Menschen unseres Landes kennenzulernen. Gleichzeitig lernte Tumiñá unter Anleitung von John H. Rowe[4] seine Sprache zu schreiben; dabei übernahm er von Rowe sowie von seinen Kommilitonen und Professoren bestimmte Verhaltensweisen, Eigenarten, Bräuche und Ideen unseres kulturellen Lebens, so dass er bei seiner Rückkehr eine Reihe von Dingen einführen konnte, die wir Fortschritt nennen, weil sie dem Alltagsleben der Ureinwohner gegenüber weiter entwickelt und komplexer sind. Dinge, die sich in größerer Zufriedenheit mit dem Leben an den Hängen des Piendamó auswirken könnten - mehr Licht in den Nächten, mehr allgemeine Harmonie, mehr geistiges Wohlbefinden, mehr Schutz für den Körper und mehr behagliches Ausruhen für den, der erschöpft vom Feld, vom Markt im Dorf oder vom kalten, nassen Weideland zurückkehrt.

Wahrscheinlich war es an einem der Tage, an denen er an sein geliebtes Zuhause denken musste, dass wir unseren Indio-Freund dabei überraschten, wie er ein Bild von seiner heimatlichen Landschaft und seinen Leuten zeichnete. So erfuhren wir von seiner spontan angewandten Kunst und kamen auf die Idee, Bilder vom Leben seiner Volksgruppe zu sammeln, dargestellt von einem, der das am besten tun konnte: einem Indio. Während die Arbeit Tumiñás fortschritt, wurde uns klar, dass die Ethnographie - für viele eine trockene Gesellschaftswissenschaft - sich in ihrem umfassenden dokumentarischen Wert und in ihrem gesamten ideologischen Gehalt sehr wohl in der einfachen, verständlichen, angenehmen Form von Zeichnungen und kurzen Texten darstellen lässt.

Und so gewann diese Wissenschaft, die jedes materielle und geistige Phänomen eines Volkes in seiner exakten Bedeutung zu erklären versucht, mit diesen Zeichnungen eine Reihe informativer Dokumente von unschätzbarem Wert. Sie zeigen anschaulich die geografische Umgebung, die angewandten Techniken und ausgeübten Gewerbe, die Arbeitsteilung nach Geschlechtern, sie zeigen Kleidung und Schmuck, wie sie für beide

Geschlechter und für jeden gesellschaftlichen Anlass üblich sind, Aufschlussreiches über die Natur, erzählen von mündlich überlieferter Geschichte, von Magie, Mythen und Märchen. Sie vermitteln uns die Lebensformen einer Gruppe von Menschen, die anders sind als wir. Und sie verraten obendrein einen Sinn für Ästhetik, eine eigene klare Sichtweise – selbst den erfahrensten Forscher würde es viel Zeit kosten, diese Erkenntnisse mit Hilfe anderer Mittel zu gewinnen.

Für sich gesehen offenbaren die Zeichnungen, unabhängig von ihrem ethnographischen Inhalt, eine reine, originale Kunst, wie sie der Kunst der Ureinwohner eigen ist. Es ist jedoch nicht irgendeine beliebige Art Indio-Kunst, sondern jene lateinamerikanische, die in den Codices von Mexiko[5] entwickelt und nach der ersten Berührung mit dem Hispanischen von Indios angefertigt wurde; die Art Kunst, die uns von dem Peruaner Felipe Guamán Poma[6], einem Inka-Nachfahren, überliefert wurde und von der wir in Kolumbien keine so umfassenden Beispiele besaßen, wie sie nun, ohne es zu wissen, Tumiñá uns gegeben hat. Eine suggestive Kunst, mit bewussten Bewertungen, wenn er zum Beispiel, entgegen jedem Gesetz von Proportionen, bestimmte Personen oder Dinge vergrößert, oder wenn er Felsen und Berge vervielfacht, oder vorsätzlich jeden Baum zum Hügel macht oder die Wolken über seinem Hochland zum dichten Zopf. Eine eigenständige, aus sich selbst heraus geschaffene Kunst, die – ohne diese zu kennen – an Strömungen moderner Kunst erinnert.

Künstler und Intellektuelle haben solche Zeichnungen kürzlich in Kunstgalerien von Bogotá sehen können; sie haben sich dazu geäußert und werden Weiteres zu dem Thema sagen. Bleibt hinzuzufügen, dass die Zeichnungen des Indios und die Texte, wie sie mir die Landschaft selbst und der Bewohner von Guambía diktierten, die Einladung beinhalten, unsere Augen, den Pinsel und die Feder auf diese Quelle unserer Themen zu richten – Themen, die immer existierten und noch heute vorhanden sind. Die Motive warten auf Interpreten, die in der Lage sind, mehr darin zu entdecken als lediglich das Dekorative – etwas, das man als die Seele dieses entlegenen Winkels Lateinamerikas bezeichnen könnte.

Gregorio Hernandez de Alba
Zur 1949 erschienenen kolumbianischen Erstausgabe

Natur

Einst, vor langer Zeit, *reichten Himmel und Horizont, Flüsse, Bäche und Berge der Leute von Guambía noch viel weiter; sie zogen sich bis ins Tal hinunter und erstreckten sich in der Ferne über den eisigen Rücken der Kordillere. Hat man denn nicht gewusst, dass die Sprache, die man heute dort spricht, noch im Gebiet des Kaziken (Häuptlings) von Popayán gesprochen wurde, in dem gleichen Tal, das sich bis heute mit dem Namen seiner Tochter, Princesa Pubenza, schmückt? Doch heute, zurückgedrängt zuerst durch Waffengewalt und später durch die Macht des Geldes, bleiben den Indios nur noch Landstriche mit hohen Bergen, steilen Hängen und tiefen Schluchten. Die wenigen Ebenen ihrer heimatlichen Erde sind die, die sie selbst mit ihren starken Armen in die Hügel und Hänge gegraben haben, um ihre Hütten dort zu errichten, und es sind die weiten sumpfigen Ebenen des Páramo (Hochsteppe), die von den strömenden Regengüssen und dem schneidenden Wind geformt zu sein scheinen.*
Eine Natur, in der das Leben für die Menschen hart ist. Aber sie hat die Indios nach ihrem Bild geformt: ausdauernd, zäh.

Blumen *Umerá*

Wenn die Natur, die sie umgibt, auch rau ist, leuchtet doch auf den scharfkantigen Bergen zu bestimmten Zeiten das zarte Wunder der Blumen. Da sind die Blumen, mit denen man bei Hochzeitsfesten die Schnapsflaschen zustopft, mit denen man eine Schale füllt, um sie dem Heiligen darzubringen, mit denen man gestorbene Kinder schmückt, mit denen man frisches Wasser in den trockenen Mund der Kranken träufelt.

Flores de angucho und Maienblumen, die man in Silvia während der Karwoche auf Straßen und Plätze streut. *Flores de angucho*, Kamille und Rosmarin vom Páramo, die Krankheiten zu heilen vermögen. Und Blumen, die Freude bereiten: Minzgewächse und an den Hängen Hahnenfuß, blühender Mohn und Vergissmeinnicht. Und hoch oben auf den Bergen und dem Páramo blühen die *Guasca*-Kartoffeln[7], die Schmarotzerpflanzen, der Schlafmohn und die blaue Arnika.

Auch sogenannte indianische Blumen, kleine Blümchen, die man, weil es gut tut, einfach so, wie im Spiel, am Wegesrand pflückt, während man sich in der Sprache, die sie „unsere Sprache" nennen, mit einem Mädchen unterhält.

Vögel im Baum
Ilyimerá tur yu

In den Zweigen des *motilón*, dessen Wurzeln sich im Felsgestein und im Hügelland Erde suchen, in den Zweigen der *lecheros*[8], der Eukalyptusbäume oder *mayos*, die in tieferen Regionen wachsen, oder versteckt hinter den festen Blättern der Erlen, die sich zum Fluss hinunterneigen, singen hüpfend die Vögel der Region.

Fast könnte man sagen, dass es in dem kleinen Gebiet von Guambía eine größere Vielfalt von Vögeln gibt als Sträucher und Bäume, in denen sie nisten können.

Da es ein hoch gelegenes und felsiges Gelände ist, sieht man dort nicht selten Adler und Sperber im schwebenden Flug – ewiger Schrecken der jungen Vögel; auch sieht man nicht selten Raben im Gleitflug kreisen.

Steigt man hinauf zu den Rodäckern, oder macht man Halt, um Holz zu sammeln, oder geht man langsam hinunter zum Fluß, hört man gewöhnlich den Gesang des Sperlings oder *tsuká* und des *chiguaco* oder der schwarzen Amsel. Sie erfreuen uns am frühen Morgen oder in den Zeiten der Paarung, wenn sie ihre Nester bauen. Man hört den *silbador*, einen Spottvogel, der das Pfeifen der Menschen nachahmt, hört den Schweinevogel oder *cuchi ilyí*, den Hammelvogel oder *carnero ilyí*, deren Stimmen dem Grunzen der Schweine oder dem Blöken der Schafe gleichen. Ja, man hört den allerhübschesten Gesang, den der *loretía*, eines kleinen und wunderschönen Vogels mit weißen, schwarzen und gelben Tupfen, der jedoch zum Feind wird, wenn er über die jungen Maiskolben und die dick werdenden Bohnen herfällt. Ebenfalls lieblich anzusehen, aber ein Schädling ist der wohltönende *chicao*, der an den Wegen von El Cacique und La Peña talwärts den jungen Mais pickt, während in den Niederungen die Ringeltaube, die jäh vor dem nahenden Schritt des Menschen aufflattert, sich auf den Feldern von Erbsen, Weizen und Mais ernährt. Ihrer Schwester, die im Gebirge fliegt, füllen nur die kleinen Wildfrüchte der *altuzara* den Kropf.

Ein andermal erfreut sich das Auge am Glanz der bunten Farben des Spechts oder lauscht das Ohr seinem „Tock-tock-tock", wenn er in den Rissen der Baumstämme nach kleinem Getier sucht.

Natur

Zu jeder Stunde kommt und entschwindet die Schwalbe, schwebt nieder und steigt wieder empor in die Lüfte, besonders am Nachmittag. Und wenn schließlich alle Gefiederten ruhen und sich aller Gesang unter dem Flügel der Nacht duckt, fliegt die Eule schwerfällig, schreit schrill und zeigt Sekunden lang die düster funkelnden Lichter ihrer runden Augen.

Ob mit dem herkömmlichen Blasrohr oder mit der modernen Schleuder: Männer und Buben erlegen Sperlinge, Ringeltauben und *loretías*, die auf Glut gebraten ein köstliches Mahl ergeben.

Nicht alle Vögel, die im Baum hocken oder über den Hügeln kreisen, sind für Auge und Ohr erfreulich. Manche sind eine Bedrohung für Saat und Feldfrüchte. Es gibt auch solche, die den Menschen Unglück bringen, wie es überlieferte alte Weisheiten des Stammes berichten, die sich bewahrheitet haben:

Wenn die siechende Schwalbe in die Hütte eindringt und stirbt oder mehrmals mit den Flügeln schlägt, wird irgendeine schlimme Krankheit ausbrechen, oder irgend jemand wird sterben. Wenn der *alatsí*, der aus den Gebieten der Páez[9] kommt, den Weg vor uns von links nach rechts quert, wird die Last des Indios zu Boden fallen oder er selbst stürzt. Man darf nicht den Schrei der *cuscungo*-Uhus[10] oder der Eulen nachahmen, denn wer es dennoch tut, dem verbrennt bald darauf die Kleidung, die er am Leibe trägt. Und was niemand hören möchte, niemals, das ist der unheimliche Schrei der Eule, der bei Nacht den Tod verkündet.

Die Savanne *Kcrag*

Dunkle Wolken, die gleichsam dicke Stricke bilden, ballen sich dicht über der Erde. Hier ist kein Bergland mehr, hier sind vielmehr kleine Hügel, die einer des anderen Nähe suchen, wie um sich zu wärmen.

Denn hier in der Savanne herrscht der Páramo mit windigem Sprühregen, der die Ohren vor Kälte versengt und das Gesicht zum Brennen bringt. Es kommt vor, dass er Menschen, die ihn nie zuvor erlebt haben, nach und nach einschläfert und sie zusammengekauert und so, als lachten sie, ihrem Schicksal überlässt …

Der Páramo mit seinen verräterischen Sümpfen, die sich unter den schmalen schneidenden Silberrohrblättern und unter dem Steppengras verstecken, oder unter den Wildpetersilie-Büschen, die der Kobold gepflanzt hat, und dem großen, räudigen Blatt, das auch vom Kobold stammt. Er ist Herr und Gebieter, so weit das Auge reicht.

Weit ist die Landschaft. Zwischen Anhöhen und Ebenen zeigt sich klein und gelb die Blüte der Rosmarinbüsche, mit deren Zweigen einst die feindlichen Pijao[11] von den Bergen herabstiegen – doch Máma Manuela[12], die Magierin und Beschützerin, bewahrte das guambianische Volk vor dem Verderben. Und im Wechsel mit den Rosmarinbüschen wachsen die *frailejones*[13], die von ferne wie schreitende Gestalten in Mönchskutten aussehen, und die Ananasstauden, deren Schößlinge von den *tsasú mab wig* gefressen werden, was heißen soll: Bär frisst Ananas, denn auf Guambianisch bedeutet *tsasú* Ananas, *mab* fressen und *wig* Bär. Da wächst das Steppengras der Savanne, das *tsalegh*-Stroh, mit dem man die kleinen Hütten für die Bewacher der Saaten baut, der Schlafmohn, dessen Blüte sich die Farbe des unbedeckten Himmels angeeignet hat. *Guasguí*[14], Arnika und die Poleiminze vom Páramo sind Heilmittel gegen Krankheiten; der *olvidador*[15] vom Páramo, von der Hand des heilenden Magiers auf die Wege gelegt, hält die Diebe davon ab, dass sie auf die Saatfelder gehen. Und alles säumend, schon dicht am Rand des Berges, wächst der *guayabilla*-Baum[16] mit weißer Blüte und süßer würziger Frucht – das sichere Zeichen dafür, dass hier einerseits der Berg und andererseits der Abstieg

beginnt, und dass der Indio wieder seine wollene *cucusma*-Mütze vom Kopf nehmen kann, die ihm Schutz bot, während er ein verlorenes Tier seiner Herde suchte.

Die Königs-Brücke
Mísambi biundzíg

Will man von Silvia aus aufwärts zum Land der Indios gelangen, geht man den Weg am Piendamó-Fluss entlang. Während der Regenmonate hört man schon von weitem, wie das Wasser mit Wucht gegen die Steine schlägt oder wild tosend abwärts stürzt.

Andere Flüsse oder Wildbäche (*nubí*) oder größere Gewässer in den Gebirgsfalten führen das Wasser in verschiedene Richtungen. Man bringt es in großen Kesseln zu den Kochtöpfen, zu den breiten Trögen zum Kartoffelschälen, zu den Kanus, in denen *guarapo* (gegorener Zuckerrohrsaft) für Versammlungen oder für die *minga*, die gemeinschaftliche Landarbeit, gebraut wird. Man braucht das Wasser auch, um sich zu säubern, angewärmt mit duftenden Kräutern für das Bad der Mutter und ihren Säugling drei Tage nach der Geburt, oder auch um drei- oder viermal die Kleidung und die Gegenstände eines Verstorbenen zu waschen.

An einer Stelle kreuzt der Piendamó den Weg, und dort, wie bei allen großen Gewässern, versuchten die Indios, das Hindernis zu überwinden, um ihren Weg fortzusetzen, indem sie schon in alten Zeiten Brücken bauten, so früh, dass es in ihrer alten Sprache eine Bezeichnung dafür gibt: *bíundzig*.

Die Brücke, die heute über den größten Fluss führt, am Hauptweg, der an seinem Ende von zwei Reihen *lecheros* gesäumt ist, und zwar genau dort, wo das heutige Gebiet der Indios beginnt, ist die Königsbrücke, *el Puente Real*.

Königs-Brücke nicht etwa, weil sie im Gedenken an einen der Könige der Weißen gebaut wurde, und auch nicht, weil Untertanen der Spanier sie errichtet hätten. Es ist die Königs-Brücke für die Indios, weil sie die wichtigste Brücke in ihrem Gebiet ist. Sie ist ein Tor, Teil der unumgänglichen Verkehrsader, und alle helfen sie zu reparieren, wenn die festen Stangen, die sie bilden, zu brechen drohen. Alle Hochzeitszüge führen

über sie hin, ebenso die Ladungen von Zwiebeln und Kartoffeln, der Weg des Priesters, wenn er zum Messelesen hinaufgeht, und das Trauergeleit für die Toten.

Die Brücke der Altäre
Nu beñawmbu biundzíg

Hier oben, in Guambía, säumen niedrige Steinmauern den Weg, der an beiden Seiten des Gebirgsbachs Santa Bárbara entlangführt, einer engen tiefen Schlucht, die ein wenig weiter unten den hohen Felsen *Los Altares* (die Altäre) zweiteilt.

Man überquert den Bach auf einer Brücke, die den Umständen entsprechend, aus nur einem dicken Stamm besteht, mit einem aus Zweigen hergestellten Geländer, auf das man sich stützen kann, wenn Brennholzbündel oder schwere Körbe mit Feldfrüchten den Rücken beugen. Auch das ist eine Art alter, herkömmlicher Ingenieurswissenschaft, mit der die Guambianos Jahrhunderte hindurch die ihnen von der Natur auferlegten Schwierigkeiten überwunden haben.

Der harte Fels von *Los Altares*, der sich, wie die Weißen behaupten, infolge der Strömung des Santa Bárbara in zwei Teile gespalten hat, sieht eher so aus, als wäre er von Gott oder dem Teufel bearbeitet worden. Hoch oben in einer Nische entdeckt das Auge des Einheimischen zwei Büsten – zwei dort aufgestellte oder dort in den Fels gehauene Heilige. Auf dem Felsplateau befinden sich Grundrisse von Häusern und Scherben von Gefäßen, wie sie in früheren Zeiten die wilden Pijao benutzten. Die Archäologen, die ihre Gräber suchen und ausheben, wissen nicht, wie gefährlich das ist, denn wenn sie die Gebeine berühren, werden sie krank und bekommen Kopf- und Magenschmerzen, bis der heilkundige Magier der Indios sie mit seinen geheimen Mitteln kuriert. Auch soll es auf den hohen Felsen, den „Altären", wie die Alten erzählen, Anzeichen dafür geben, dass der Teufel hier den Vulkan erschaffen wollte, der sich heute in Puracé[17] befindet. Doch dann empfand er Reue, wie es in verschiedenen Versionen heißt, weil ihm der Platz für den Vulkan zu eng erschien oder weil er ganz in der Nähe Wohnhäuser sah.

Vielleicht wollte er die Indios nicht töten.

Mutter Erde

Jahr um Jahr wird sie beackert, *denn es gibt kaum eine Möglichkeit, ihr Ruhe zu gewähren, wo sie doch so viele Kinder ernähren muss. So gibt die Mutter Erde immer wieder, was sie geben kann – und welchen außerordentlichen Appetit haben die viertausendachtunddreißig Guambianos innerhalb der Grenzen ihrer Region! Von den Gaben, die sie ihren Kindern seit Jahrtausenden bietet, müssen viele mit ungeheurer Anstrengung gewonnen werden; andere sind ein wenig leichter zu erlangen, und wieder andere müssen gerade nur gepflückt oder aufgelesen werden.*

Brennholz sammeln
Trar nigayg

Die Gabe der Bäume, das Holz, wird jedes Jahr rarer, denn bei so vielen Menschen bleibt selbst ein verkohltes Stück Holz nicht ungenutzt. Doch ließe die Mutter Erde nicht die Bäume wachsen, könnte man sich das Haus, das Gehege, die Brücke, das Werkzeug, den Webstuhl nicht einmal vorstellen. Ohne Holz könnten die Menschen sich nicht wärmen, wenn sie abends von der Arbeit heimkehren.

Aufgabe der Männer ist es, das Holz für Häuser und Gehege zu fällen, doch zur Arbeit der Frauen gehört es, Brennholz zu sammeln für die Feuerstelle, und so kehren sie am Nachmittag auf schmalen, sich schlängelnden Wegen zu ihren Hütten zurück, das Bündel Holz auf dem Rücken, einen kleinen, mit wilder Wolle umwickelten Holzstab in der linken Hand und die den Faden spinnende Spindel, die sich dreht und dreht, fest in der rechten Hand. Im Hintergrund, weiter oben, türmen sich die Berge. Nur zwei oder drei Bäume stehen dort noch, und an einem von ihnen ist ein dicker Ast abgebrochen. Unten in der engen Bergschlucht fließt plätschernd der Bach und nahebei hört man Hundegebell und ein weinendes Kind. Hier ist das Haus und das Essen: Mais, Kartoffeln, *ullucos*[18], und alles wartet auf die Rückkehr der Herrin des Hauses und auf das Brennholz. Bald darauf steigt wieder Rauch über dem Dach auf, die Glut funkelt, die Näpfe werden gefüllt, das Kind hört auf zu schreien, und man hört nur hin und wieder den Hund knurren.

Minga – Gemeinsame Landarbeit
Alig

Heute gilt es, den gerodeten Acker zu bestellen oder die Gemüsefelder umzugraben und die Saat in die Erde zu bringen. Bei dieser langwierigen und mühseligen Arbeit zählt der Indio meist weniger auf seine Frau als vielmehr auf den Zusammenhalt der Gruppe, ohne die er keine Felder mehr hätte – auf die Tradition, dass ein jeder allen anderen hilft. Diese Einrichtung, die man *la minga* nennt, kommt ihm an diesem Morgen zu Hilfe, und so finden sich Männer und Frauen bei ihm ein, alle mit ihrer Schaufel oder ihrer Machete gerüstet, begierig zu arbeiten und zu wetteifern, wer der geschickteste bei der Landarbeit ist.

Einen Moment lang stellen sich die *mingueros*, die Helfer, vor dem neugierigen Besucher auf: vorn die Frauen, dahinter die Männer, zusammen mit dem Besitzer des Landstücks, der das Ende einer Schnur zeigt, in die er Knoten geschlungen hat, so viele Knoten, wie die Gemeinschaft ihm diesmal Helfer leiht.

Noch hat unter diesen Indios der Egoismus nicht die Vorteile der gemeinschaftlichen Arbeit vergessen lassen; noch hat das Notizbuch des Vorarbeiters nicht die geknotete Schnur, das alte, schon von den Inkas angewandte *kipu*-System[19], verdrängt; noch ist die Begrenzung persönlicher Rechte nicht Gegenstand notarieller Protokolle geworden, die Nachbarn zu Feinden werden lassen.

Und vorwärts geht es mit der Arbeit; von Zeit zu Zeit richtet man sich zu einer Verschnaufpause auf, trinkt Mate oder *guarapo* und wischt sich den Schweiß von der Stirn. Später, wenn Mittag ist, stellen ein Becher Kaffee und ein Stück Brot die Kräfte wieder her. Und am Abend, wenn die Säcke mit dem Saatgut leer sind und man bei Musik und Tanz rund ums Feuer sitzt, gibt es Schnaps und etwas zu essen: Suppe, Mais, Fleisch, Kartoffeln und *ullucos*, eine herzhafte Mahlzeit, ausgeteilt vom Besitzer des bearbeiteten Landstücks, der in der nun folgenden Zeit, während er darauf wartet, dass die Pflanzen sprie-

ßen, zusammen mit seiner Frau, sobald er gerufen wird, zu anderen *mingas* oder Gemeinschaftsarbeiten gehen wird, zu all denen, die auf seinen Ruf hin ihm geholfen haben.

So ist jeder Indio Arbeiter für sich und Arbeiter für alle – seit lange versunkenen Zeiten. Und doch gibt es noch immer Leute, die diese nützliche, diese außergewöhnliche und uramerikanische Einrichtung abschaffen möchten.

Zwiebeln ausjäten
Sebulyá gwalyibig

Rund um die Hütte legt man fast immer das Zwiebelbeet an – Arbeit für die Frauen, die mit Asche und Abfällen den Boden düngen, die säen, das Unkraut jäten und die Zwiebeln bündeln; sie werden dann von Markthändlern, Weißen und Mestizen direkt bei ihnen abgeholt. Die Händler zahlen ihnen knapp die Hälfte von den Preisen, die gerecht wären oder zu denen die Señoras sie auf dem Markt immer noch billig kaufen oder gegen kleine Mehlbrote tauschen.

Zwei Arten von Zwiebeln ziehen diese arbeitsamen Frauen, die gemeine Zwiebel und die Riesenzwiebel, die ihnen beide ihr Boden beschert, wenn sie ihn beständig bearbeiten. Sie unterbrechen ihre Arbeit nur, wenn sie zum Dorf hinuntergehen, wenn sie weben oder kochen, oder – des bösen Geistes wegen – wenn sie einmal im Monat krank sind, denn der Schmutz, der dann dem Körper anhaftet, würde die Pflanzen eingehen lassen, die doch verkauft werden sollen, damit man mit dem Erlös *panela*[20], Kerzen und Salz kaufen kann. Die Pflanzen werden so geliebt, dass eine Indio-Frau beim Betrachten der aufrechten runden grünen Stengel und der kleinen weißen Blüten, die ihre Pflanzung krönten, eines Tages erklärte: „Unser Garten ist das Zwiebelbeet."

Kartoffeln anhäufeln
Ye rarc burcb

Wer zwischen April und Mai die Ländereien von Guambía durchquert, sieht in den Falten der Berghänge Indios bei der Arbeit auf ihren Kartoffelfeldern. Sie häufeln die Kartoffeln an und jäten das Unkraut. Es sind die Felder, auf denen sie vor zweieinhalb Monaten in Gemeinschaftsarbeit Kartoffeln gepflanzt haben.

Ein fester Gürtel hält die drei oder vier *ruanas* zusammen, mit denen sie sich in den höheren Lagen schützen, sofern nicht gerade die Sonne der Páramos sengt.

Sie waren losgegangen, ehe die Berggipfel sich im Licht der Morgendämmerung zeigten; während sie die schmalen Furchen hinaufstiegen, klirrten die Macheten und Schaufeln, wenn sie gegen Steine oder Zweige stießen, und sie klirren bei der Arbeit immer weiter, bis sich die Dunkelheit herabsenkt.

Danach lässt man die Pflanzen in Ruhe, bis zum Tag der Ernte zwischen Juni und August – oder bis heftige Regengüsse die Erde wegschwemmen, eine sehr häufig drohende Gefahr, denn die Wolken, die der Wind von den Páramos vor sich her treibt, sind gesättigt mit Wasser; dazu kommt der alte Fehler, dass die Furchen parallel zum Gefälle des Hangs angelegt werden.

Vom Himmel und vom Wasser hängen Wohl und Wehe ab. Auf jedem kleinen Gehöft wird alles unter der Voraussetzung geplant, dass die Ernte nicht verdirbt. Sonst kommt der Indio traurig zur Hütte der Freunde, traurig und mit nichts in den Händen, weil der vermaledeite Hagel oder der Regen ihm nichts gelassen hat, bis auf ein paar Kartoffel-Winzlinge.

Fröhlich und hoch aufgerichtet dagegen bleibt er im Eingang der Hütte stehen, die Kiepe voll großer, schwerer, rosaschaliger Kartoffeln und sagt: „Hier bringe ich dir diese Freundschaftsgabe und dazu die Zwiebeln, sie sind von Nazaria, die nicht mitkommen konnte."

Die Falle *Maw trampa*

Nicht alle Feinde der Aussaat und der gedeihenden Feldfrüchte kommen von oben herab wie der Hagel, wie die heftigen Regengüsse oder wie die Vögel. Es gibt auch solche, die sich auf der Erde anschleichen, die sich verbergen und so verschlagen und verräterisch sind wie Diebe.

Einer von diesen Feinden ist die *guagua*[21], die bei Nacht oder in der Morgenfrühe den Boden aufwühlt und die kleinen Knollen frisst.

Also muss man Schluss mit ihnen machen, man muss sie fangen, diese Feinde aller, die in mühevoller Arbeit ihr Land bearbeiten, und man muss sie überdies büßen lassen für die Schäden, die sie angerichtet haben, indem man ihr wohlschmeckendes Fleisch verzehrt.

Dazu dient die Falle. Die *guagua* kriecht auf die Umzäunung des Feldes zu. Aber in dem Zaun ist eine Lücke, in die man eine Vorrichtung eingebaut hat, eine sinnreiche Erfindung der Einheimischen:

An zwei Stöcken, die getrennt aufgestellt werden, befestigt man eine tiefschwarz gefärbte Schnur, und zwar so, dass sie unten, wo sie fast den Erdboden berührt, eine Art Schlaufe bildet, und führt sie dann durch einen schweren hohlen Holzklotz; ein dünner, schwacher Stock hält den Holzklotz oben.

Keinerlei Geräusch ist zu hören, und das Tier rückt Schritt für Schritt vor, bis es an den vorderen Läufen etwas spürt, das ihm im Wege ist, worauf es mit aller Kraft vorwärts drängt.

Das ist der Augenblick, in dem der Stock fällt; ihm folgt der schwere Holzklotz, und die Schlaufe schließt sich um den Hals des verbrecherischen Diebes.

Am folgenden Tag wird man sich dann gern zu mehreren abends zum Essen am Feldfeuer einfinden.

Auf dem Markt
Mercawyu yancb

Am Dienstagmorgen herrscht auf dem Weg so lebhafter Verkehr wie an keinem anderen Wochentag. Schwer beladene Tiere, Männer und Frauen, sauber herausgeputzt: Die Männer mit Filzhut, in enger, gestreifter *ruana* mit seitlicher Öffnung, in gestreiftem Hemd und, vom Gürtel bis zu den Knien, die Beine umhüllend, das grobe Tuch aus blauer Wolle mit roten Bordüren, an den Füßen *alpargatas*[22] aus gefärbtem Leder. Die Frauen gleichen von ferne gesehen bunten, sich vorwärts bewegenden Kegeln; aus der Nähe erkennt man die Falten werfenden Gewänder mit gewebten Verzierungen, dazu Halsketten, an denen, bis sie fünfundzwanzig sind, silberne Kreuze hängen, oder silberne Brustplatten, die regionale oder religiöse Bedeutung haben, wie es das leise Klirren beim Gehen verrät, wenn der Schmuck gegen den kräftigen Busen schlägt, mit einem Geräusch wie von Silberglöckchen. Sie tragen Blusen in den lebhaftesten Farben, und von den Schultern fällt ihnen über den Oberkörper das Umschlagtuch aus türkisblauem Flanell. Fest gebunden mit der gewebten Leibbinde, umhüllen sie zwei oder drei wollene *anacos* (Faltenröcke), die stark auftragen und mit wiegenden Bewegungen die anmutigen flinken Schritte dieser Frauen, der kleinen und großen Mädchen, der jungen Mütter und der alten Großmütter betonen.

Neben dem Beutel aus ungefärbter Baumwolle mit allerlei notwendigem Kleinkram, den sie auf dem Rücken tragen, ruht auf ihren kleinen, breiten Glockenturmgestalten ein Sack voller Feldfrüchte, oder sie tragen, fest geknüpft zwischen Umhängetuch und Leibbinde, den Säugling, dessen Kopf, während die Mutter ausschreitet, hin und her schaukelt.

Am Dienstagmorgen füllt sich der Marktplatz von Silvia mit Leuten vom Lande; da sieht man auch die Straßenverkäufer, die von Popayán heraufgekommen sind, den aus dem kolumbianischen Antiochia stammenden fliegenden Händler, der mit lautem

Geschrei seine Aluminiumkochtöpfe anpreist oder immer wieder rhythmisch die pikaresken Reime seines Kartenspiels ausruft; da sind ferner die Touristen, oft fremdartig gekleidet, und vor allem ist da die große Schar der Indios, die alle etwas verkaufen wollen: die Männer Kartoffeln, *ullucos* und Mais, die Frauen, hockend, Zwiebeln, Kohl und Eier.

Die vielen Indios, die überall im Ort zu sehen sind: beim Bürgermeisteramt, beim Gericht, in den Läden, wo sie kaufen, was ihnen der Boden, den sie beackern, nicht

Mutter Erde

gibt, an den Imbissständen, im Pfarramt, im Büro des Anwalts und in den Monopolläden, wo die mit offiziell verkauftem Schnaps gefüllten Gläser blitzen, wenn sie an den Mund gehoben werden. Blieben die Indios plötzlich aus, würde das diesem Markt den Todesstoß versetzen. Die Weißen zahlen den Indios wenig und verlangen ihnen zu viel ab, und verwirren sie obendrein.

Ein bunter und vielstimmiger Markt, an jedem Dienstag in Silvia, der am Nachmittag endet. Dann gehen die betrunkenen Männer mit schwankenden Schritten den Heimweg hinauf; manche liegen in tiefem Schlaf oder bewusstlos am Wegesrand, während die Frau geduldig und stumm über dem Ehemann wacht und mit einem sanft bewegten Zweig die Mücken verscheucht, wobei ein Säugling im inzwischen ein wenig gelockerten Tuch an seinen Händchen lutscht und hin und wieder kleine kehlige Laute von sich gibt.

Der Rancho

Wenn ein Indio das Wort rancho sagt, *ist damit alles gemeint. Sein Rancho ist der Grund und Boden der Großeltern, ist Schutz und Schirm, ist Schatz, ist Liebe, ist Geburt, ist Hospital und Tod. Erst als die Spanier anfingen, gegen die strohgedeckten Hütten vorzugehen, sie in Brand zu stecken und zu zerstören, begann der Widerstand der Ureinwohner Amerikas.*

Das strohgedeckte Haus
Pu ya

Als Symbole eines kulturellen Übergangsstadiums hat das Haus, das man bei den Guambianos am häufigsten antrifft, von der neuzeitlichen Welt die Tür und die Fenster mit Läden übernommen, die Fenster allerdings niemals verglast, ferner Flur und Säulen, und manchmal auch aus Lehmziegeln errichtete Mauern. Zugleich bewahrt es von früher, von den alten Indios, das Strohdach, die aus Holz, Schilf und Lehm errichteten Wände und die schlichte rechteckige Form. Eingefriedet ist es von aufeinandergeschichteten Steinen und von Ruten, die aus dem überall wachsenden *lechero*-Strauch sprießen, so dass nur die Öffnung für den Pfad bleibt, der durch den Zwiebelgarten der Frau auf den eigentlichen Weg hinausführt. Im kleinen Patio kommen einige der Felsen des Hügels zum Vorschein, dort werden die Felle zum Lüften in der Sonne ausgebreitet, die manchmal als Matratzen dienen, oder auf denen der magere Hund und das rußschwarze Kätzchen spielen, das auch gern an den langen Stämmen der den Patio abschließenden Eukalyptusbäume emporklettert.

Den größten Teil der Tage ist niemand im Haus, höchstens die kleineren Kinder, denn alle anderen gehen zur Arbeit auf die Felder oder gehen zum Markt, und es ist auch noch nicht genügend Faden gesponnen, so dass sich schon früh am Morgen eine Frau an den im Flur stehenden alten Webstuhl setzen könnte, um die von Monaten der Feldarbeit zerschlissene Kleidung auszubessern und zu ersetzen. Mit Vorliebe schmücken die Indios ihre getünchten Wände mit Figuren: mit rechteckigen Mustern, Sonnen, Blumen, Pferden, mit dem Autobus von Silvia, oder sie malen, getreu den Lehren der Nonnen, einen Spruch wie „Viva María" über die Tür.

Die kulturellen Veränderungen des Stammes machen sich im strohgedeckten Haus bemerkbar, wenn der Herr des Hauses plötzlich einen Zementfußboden einzieht oder den Flur mit Ziegelsteinen auslegt, oder wenn er alles, was aus Holz ist, mit Ölfarbe

streicht. An der Größe des Hauses, an seiner Anlage und an seinem Innern zeigt sich der Grad der Armut des Hausherrn.

Für seine Bewohner ist das Haus heilig: In der ersten Novembernacht kommen die Seelen der im Haus Gestorbenen herab und essen von den Opfergaben, die man ihnen auf einem Tisch aufgestellt hat.

Das Haus der Indios ist gastlich und einladend für alle Freunde; es ist geheimnisvoll und dunkel, abweisend und stumm gegenüber Erpressern und Betrügern.

Die Küche *Naa tsag*

Wenn sich in einem Haus verschiedene kulturelle Stadien bemerkbar machen, dann zeigt sich der Übergang von alten zu neuen Bräuchen am deutlichsten in der Küche, so zum Beispiel am Vorhandensein und Gebrauch einiger neuer Küchengeräte sowie an dem Fehlen anderer.

Interessant ist die Verbindung von alten Gegenständen der Indios mit modernen Dingen. Die hier wiedergegebene Zeichnung einer Küche, die nicht so weit reicht, dass sie auch den Winkel umfasst, wo die Menschen sich auf einem Fell oder einer Matte zum Schlafen ausstrecken, um die Wärme der glühenden Asche zu nutzen, zeigt dem Betrachter, wie das Feuer seinen Platz nach wie vor auf dem Fußboden hat, zwischen drei Lehmfüßen, auf denen beim Kochen die Töpfe stehen, dicht bei einem Stein mit einer aus einem Baum gesägten Astgabel. Wir sehen auf der Zeichnung auch, dass zwischen zahlreichen, aus Baumstämmen geschnittenen Sitzen und Bänken ein modernes Stühlchen mit Rückenlehne in der Küche stehen kann, oder dass sich neben einer hier fremd anmutenden Körnermühle, neben eisernen und Aluminiumtöpfen, neben Tassen und Tellern aus Emaille, neben metallenen Messern und dem einen oder anderen Löffel die einheimischen Tontöpfe finden sowie Trinkgefäße aus Kürbis, irdene Schalen und hölzerne Löffel. Wozu auch Gabeln? Gabeln sind Luxus, solange die Hand das Stück Fleisch geschickt ergreift und die Zähne noch nicht ihre Kraft verloren haben, Essbares zu zerbeißen und zu zermahlen.

So weit die Beschreibung der Gegenstände in der Küche, doch was über diese hinaus geht, hat noch mehr Bedeutung. Die Küche ist der Ort, wo sich die Familien versammeln und beraten, wenn sie nachmittags von der Arbeit kommen und sich auf ihren Sitzen niederlassen. Hier wärmen sie ihre von der Kälte in den Bergen durchfrorenen Hände und Füße. Hier pflegen sie gemeinsam und leise sprechend ihre Sprache, die in einem vierhundert Jahre währenden, harten Kampf nicht durch das Spanische ausgelöscht werden konnte.

Mahlen
Kitsc rugu gitsib

Auch wenn das gemeinsame Familienvermögen es erlaubte, eine Mühle aus Metall zu erwerben, halten die Indio-Frauen lieber an dem alten *metate* oder Mahlstein fest. Auf diesem Stein, der auf einem gemauerten Unterbau ruht, mahlt man Maiskörner für Suppen, gerollte Fladen oder *tortillas*, Castilla-Reis für feierliche Gelegenheiten und auch den Kaffee, der heute unbedingt dazu gehört und den man Freunden mit *panela* gesüßt reicht, den Weißen jedoch mit Zucker anbietet. Und man trinkt ihn auch am Nachmittag gegen zwei Uhr bei der Arbeit, oder zum Abschluss des Abendessens und reicht ihn ununterbrochen den Gästen bei einem Familienfest oder bei der nächtlichen Trauer um einen Toten.

Der Mahlstein, dem die Vorfahren in diesen Regionen Amerikas mit festen Schlägen kunstfertig und liebevoll seine Form gaben, findet sich zuweilen unter den Beigaben von Gräbern lange vergangener Zeiten, oft mit Verzierungen geschmückt wie in San Agustín und Tierradentro, mit Menschenfüßen nachgebildeten oder in Tiergestalt gehauenen Stützen – von Panama bis nach Mexiko und bis hin zu den Antillen. Am Fuß des Mahlsteins versammeln sich gern die kleinen Jungen. Es ist für die Indios der Stein, der so vielen Menschen schon zu guter Nahrung verhalf, der Stein, der wie auch der Mais, den ureigenen Regionen der Indios entstammt.

Die Arbeitspausen der Indios

DIE ARBEIT DES INDIOS IST WENIG ERTRAGREICH, *denn das Land, das man ihm gelassen hat, ist klein und steinig, und die anstrengende Arbeit seiner Hände und Arme steht niedrig im Kurs. Und was er in den Läden des nächsten Dorfes kaufen muss, was der Advokat verlangt, der sagt, dass er ihn verteidigen will, dazu die Geldstrafen und was er hoffnungsvoll dem Priester gibt, verschlingt so viel Geld, dass seine Pausen nur kurze Unterbrechungen zwischen verschiedenen Arbeiten sind.*

Für die Indiofrauen wäre es Zeitverschwendung, wenn sie nicht den kleinsten Weg zum Drehen der Spindel nutzten – den Berg hinauf, zum Feld, den Gang hinunter zum Holz sammeln am Flussufer nach einer Überschwemmung, den Weg zum Markt oder zur Messe.

Der Ruana-Webstuhl
Turinbarig

In Ruhepausen, wenn sie nicht gerade Feldarbeit zu verrichten hat oder Feldfrüchte verkaufen muss, wenn sie nicht Mais mahlen, die nächste Mahlzeit vorbereiten muss, webt die Indio-Frau mit der Hand die *jigra*, die Tasche aus Hanf – entweder die aus weißen Fäden, die sie mit ins Dorf nimmt, um darin kleine Brote nach Hause zu tragen, oder die verzierte, in der die Männer ihre Münzen verwahren.

Andere Male benutzt sie den rechteckigen, seit Jahrhunderten aus Stangen gebauten Webstuhl. Sind die Kettfäden gespannt, die weißen, schwarzen und zimtbraunen, je nach der Farbe der Wolle ihrer Schafe, schießt sie mit dem Weberschiffchen die anderen Fäden ein, die zusammengeschoben und mit dem gezahnten Kamm aus feinem Holz aneinander gepresst werden.

Sie webt ein *turi*, eine *ruana* mit blauen, roten und grünen Streifen aus Merinowollfäden – die eng anliegende *ruana*, die das Familienoberhaupt, den Bruder oder den Ehemann elegant kleidet, wenn sie zum Dorf hinuntergehen, und die sie wärmen wird, wenn sie bei Tagesanbruch zum Páramo hinaufgehen.

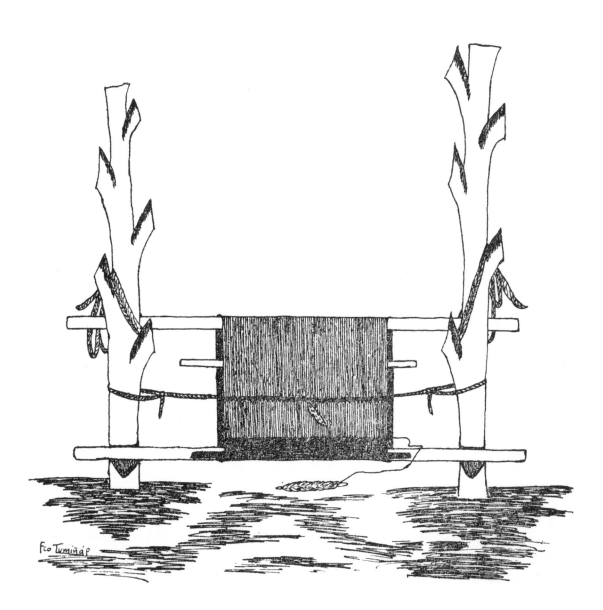

Weben
Parig barcbig

Jetzt sind die Kettfäden, die so ungleichmäßig sind, wie die traditionelle alte Spindel sie erzeugt, länger gespannt, denn die Indio-Frau, die den Sombrero auf den Rücken geschoben hat, damit sie sich dichter an den Webstuhl heransetzen kann, webt den weiten, kurzen *anaco*, einen bunt gesäumten Rock, der über der Taille eng anliegen muss, ähnlich wie die grünen Kohlblätter sich eng um den Strunk schließen.

Der weiße *anaco* ist für die Hochzeit und für andere Feste bestimmt.

Der schwarze *anaco* ist aus Wolle, die von Natur aus schwarz ist und sonst, nach dem Rezept der alten Alchimisten des Stammes, im Lehm mit einem Blättersud gefärbt wird oder aber mit Seifen, die mit Hilfe moderner Chemie hergestellt und in Apotheken verkauft werden. Der neue schwarze *anaco* wird beim Opferfest für die Seelen der Toten getragen, wenn der Pater die Respons für den Verstorbenen singt und die Kirche sich mit Speisen und Lichtern füllt.

Wieviel Zeit benötigt es, alleine mit Hilfe der sich drehenden Spindel den Faden für den weiten langen *anaco* zu erzeugen? Und erst dann, Tag um Tag, Woche um Woche arbeitet die Indio-Frau an dem alten ungefügen Webstuhl der Großmütter.

Hüte flechten
Kwari marcbig

Die Männer verweilen in ihren Arbeitspausen manchmal einen Augenblick lang in der am Wege liegenden Schänke. Sie spucken so oft aus, weil der Schnaps, der wärmt und die beim Umgraben verbrauchten Kräfte wiederherstellt, einen scharfen Geschmack hat. Oder aber sie setzen sich auf einen modern wirkenden Stuhl, um zu flechten, um die fünfzehn Paar *pindo-* (Schilf-) Blätter zusammenzufügen, bis sie ein Band bilden, das mit einem Stück Holz fixiert wird.

Zwischen den cremeartig glänzenden Abschnitten der Rückseite der Blätter zeichnen andere, die aufgerauht und mit blauen, grünen, gelben und rosa Anilinfarben getönt wurden, die traditionellen geometrischen Motive in das Band, das, zusammengenäht, den leicht schalenförmigen Hut orientalischer Prägung bildet. Zwei Bänder, die am Nacken und am Kinn entlanglaufen, halten den leicht rutschenden Hut auf dem hoch aufgerichteten Kopf der Frauen oder auf dem geneigten Haupt der Alten. Denn die jüngeren Männer tragen heute und schon seit einigen Jahren den Filzhut, der dem Wind widersteht und den Schweiß über den Schläfen festhält, wenn sie den Weg hinaufsteigen, der in die Berge führt.

Während man in anderen Monaten nur selten am helllichten Tag Männer auf ihrem Grundstück sitzen sieht, ist von November an der Mann, der sich hinsetzt, um *pindo* zu flechten, oder der mit Speichel den Faden netzt und dreht, um einen Hut zu nähen, ein vertrauter Anblick.

Wie wäre es auch denkbar, die eigene Frau am Allerseelenfest in die Kirche gehen zu lassen, ohne dass sie einen neuen Hut mit Pompons aus roter Wolle zur Schau trägt, wenn sie selbst doch in mühsamer Handarbeit ihrem Mann eine neue *ruana* und einen neuen Geldbeutel gefertigt hat?

Anfang und Ende

So wie am Anfang der Menschheit *der Bibel zufolge die Erschaffung von Adam und Eva stand, oder den Chibcha[23] zufolge die Erschaffung von Bachúe[24] und dem Kind von Iguaque, so wie die Erschaffung von Paaren mit den unterschiedlichsten Namen in den alten Sagen der Völker den Anbeginn bilden, und so wie am Ende der Menschheit der Tod des letzten Mannes und der letzten Frau steht, so sind Anfang und Ende bei den Indios der Freudentag der Hochzeit und der schlimme Augenblick des Sterbens.*

Die Ehe bei den Guambianos
Namuy misag kaserab

Das muss geschehen sein, als sie sich bei einer *minga*, der Gemeinschaftsarbeit, begegneten und sie, ein junges Mädchen, noch kaum bei der Mahd helfen konnte, oder vielleicht auch als beide eines Tages hinter den älteren Leuten talwärts gingen und ihre Lasten ins Dorf trugen, oder als sie sich beim Holz sammeln in den Bergen trafen. Oder wann ist es gewesen? Sie wissen nicht mehr recht, wann es geschah, wann sie diese Anziehungskraft spürten, das große Verlangen beieinander zu sein, wann ihn der Wunsch überkam, ihr ein Kreuz zu kaufen oder ein Paar Ohrringe, ihr irgend etwas zu schenken und nur zu sagen: „Das ist für dich, weil ..." Und diese Wünsche spürte er vielleicht schon, als er noch ganz jung war, oder vielleicht auch nicht – wer kann es schon wissen?

Jedenfalls ist es so, dass sie sich vor einiger Zeit schon allein auf dem Berg getroffen haben. Und sie kümmert sich um ihn, wenn er vom Markt zurückkehrt und halb zusammenbricht unter seiner Last. Die Leute tuscheln schon, dass sie etwas miteinander haben. Das Familienoberhaupt und die Mutter haben gesagt: „Es ist besser, dass sie heiraten." „Zeit, dass sie heiraten", hat der Gouverneur gesagt, und er hielt dabei den Amtsstab in der Hand. Und „Ich möchte heiraten", sagt beiden ihre innere Stimme.

Aber erst wenn eine gute Ernte eingebracht und die neue *ruana* fertig ist, erst wenn genügend Geld beisammen ist, zu kaufen, was man den Freunden, die bei der Hochzeit dabei sind, anbietet, erst dann wird geheiratet.

Und schließlich stehen sie in der im Kolonialstil geschnitzten Tür der Kirche, wie es alle wünschten und wie Gott es will. Brautführerin und Braut, Bräutigam und Brautführer tragen die Festgewänder, die für dieses glückliche Ereignis vorgeschrieben sind: Die Frauen den weißen Rock, das große rote Umschlagetuch, die gestickte Mütze mit schmalem Schirm aus dunkelblauem Tuch, scharlachrotem Besatz und Innenfutter aus gelbem

Flanell, und dazu die silbernen Kreuze und die Ketten aus weißen und blauen Perlen, die sie geerbt oder geschenkt bekommen oder gekauft haben. Die Männer tragen den *traynduru*, die weiße *ruana*, das Hemd mit dem um den Hals geknoteten rosa Seidentüchlein, die Hose aus Percal[25] und die neuen ledernen *alpargatas*.

Wenn sie dann mit den Freunden wieder zum *rancho* zurückgekehrt sind und es schon dunkel wird, geben *tiple*[26], Trommel und Rohrflöte bis zum Morgengrauen den Takt zum Bambuco-Tanz[27] an. Schalen gefüllt mit Kartoffeln, Fleisch und Zwiebelgemüse werden gereicht und wieder gereicht, der *matecito*, das Mategefäß mit Maisbranntwein kreist, das Glas Schnaps oder die Tasse Kaffee werden angeboten. Braut und Bräutigam, die Brautführer und das Gefolge, alle, die zum Dorf mitgekommen sind und bei der Zeremonie die Ehrengäste waren, werden mit einem schmackhaften Essen bewirtet: es gibt würzige Beilagen und weißen Castilla-Reis, Wein- und Schnapsflaschen krönen den mit Rosen und Nelken geschmückten Tisch. Denn dies ist ein großer Tag, der Tag, an dem eine neue Familie von Indios entsteht. Was sie *namuy misag*, „unsere Leute", nennen, wird sich vermehren: es wird neue Arme für die *minga*, die Gemeinschaftsarbeit, geben, und ein paar neue Münder, die „unsere Sprache" sprechen.

Bei dem Toten wachen
Kway gwan alik kib

Dies ist das Ende. Das Ende eines Lebens in diesem Bergland. Das Ende auf den Wegen, im Páramo, im Gemüsegarten, am Herd, in der Schänke, auf dem Fell des Bettes. Und – welch großer Schmerz! – das Ende im Kreis der Familie. Nicht aber ein Ende hoch oben, in den Lüften, im Himmel. So hat es die Mutter Missionarin gesagt, die ihm ein sanftes Sterben wünschte. So wird es auch von denen erzählt, die von alters her etwas über die Seelen wissen, die jedes Jahr herabkommen, um zu essen und zu trinken, was ihnen im Leben geschmeckt hat, und die jedes Jahr dafür sorgen, dass es gute Ernten und junge Tiere gibt.

Ein Indio ist gestorben. Draußen kommen Männer, Frauen, Kinder, und ein jeder bringt etwas mit, Brennholz, Kartoffeln, Zwiebeln, Kaffee, *ullucos*, Fleisch, Wasser, Eier, Kerzen, Geld; denn jeder einzelne sollte seine Gabe darbringen für diesen Abend, für diese Nacht, für den kommenden Morgen.

Trauerabend, Trauernacht, Trauermorgen.

Die Sonne hat ein wenig geschienen, so hatte es der Sterbende geträumt, aber jetzt fällt ein leichter Regen und die Kälte nimmt zu. Es ist die Kälte des Toten und die Kälte, die herabdringt, weil der Páramo traurig ist.

Auf einem Tisch aufgebahrt, mit zwei Kerzen zu beiden Seiten und dem von ihm besonders verehrten Heiligen zu seinen Häupten, mit einem Licht, dem Tässchen mit Wasser, und der Blume, mit der man ihm die Lippen befeuchtet hat, liegt der nun regungslose Leib des Indios: Jetzt hat man ihm, dank dem, was er zu Lebzeiten gespart hat, eine schwarze Mütze auf den Kopf gesetzt, ein Jackett, eine Hose, Schuhe und Strümpfe angezogen – genau wie es bei den Weißen geschieht, wie es bei den Herren und Besitzern gehalten wird. Denn nur so, gekleidet wie ein Weißer und mit dem Strick der Franziskaner umgürtet, gelangt er ins Paradies des höchsten Gottes. Als Indio kann er nicht dorthin

gelangen, denn die Alten, von denen der Verstorbene abstammt, waren Ungläubige.

Ehefrau, Mutter, Brüder und Schwestern, Männer und Frauen, die denselben Nachnamen tragen – Tombé, Muelas oder Chirimuscay –, umgeben ihn und beten, wie es der Padre, wie es die Mütter von der Mission sie gelehrt haben: „Vater unser ..." „Gib ihm, mein Gott, die ewige Ruhe ..." Und manchmal sagen sie überdies, immer wie im Trauergebet, zu den Leuten: „Gott lohne es dir, dass du ihn begleitest ..."

Die Frauen schälen und waschen Kartoffeln für das Eintopfgericht, die Mädchen holen Wasser vom Fluss herauf. Eine Gruppe von Männern naht schon mit der *cama de gracia*, dem Gnadenbett, auf dem zu guter Letzt der Leichnam eines Indios den Weg entlang balanciert werden muss.

Anfang und Ende 65

Danach bleiben das stumme Leid und die schwerste Arbeit, denn die Messe und das Begräbnis müssen bezahlt werden, und der Medizinmann, der *musig crebig*, der die Geister verscheucht, muss gerufen werden, damit er die Wäsche und die anderen Dinge und die Angehörigen von der Essenz des Todes reinigt.

Doch wer, wer wird die bleibende tränenlose Trauer wegnehmen?

Die Seele der Pflanzen

Hoch oben in der Savanne, *an den Ufern der Bäche, in den Gemüsegärten und auf den Rodäckern wachsen Pflanzen, Büsche und Bäume, die den Indios in ihrem Alltag eine große Hilfe sind: sie liefern ihnen Pfosten, Stangen, Brennholz und Stroh, Nahrungsmittel und Arzneien.*

Doch gibt es auch solche, die darüber hinaus, verborgen in ihren Blüten, in ihren Blättern, in ihren Wurzeln oder sogar im Herzen der Schößlinge eine Absicht, eine Macht, eine Geschichte, einen Geist haben.

Die Seelen der Pflanzen, die gut sind oder schlecht, wie die Menschen auch, konnten einst nach Belieben Personen sein, wie die Alten erzählen. Aber nach und nach haben sie ihren Lebensgeist verloren, und so bleiben nur wenige, deren Kraft und Geheimnis einzig und allein die kräuterkundigen Medizinmänner unter den Indios noch kennen.

Die Guasca-Kartoffel *Igu tsi*

Die *papa guasca* ist eine wilde Kletterpflanze, die an Bäumen rankt. Die Weißen nennen sie Bomarea und geben ihr den Nachnamen Caldasia, nach jenem Weisen Caldas, dessen Statue auf der Plaza Mayor von Popayán steht und zu deren Füßen sie ihre wunderschönen Blüten hervorbringt. Diese Blüten sind von einem rötlichen Gelb; die Früchte dagegen sind grün mit Körnchen in ihrem Innern, ähnlich den kleinen Pusteln im geröteten Hals, und an ihren Wurzeln hat sie Knollen wie die großen Kartoffelpflanzen.

Als die Alten, unsere Ururgroßväter in dieser Gegend kaum mehr als den Strohhut, die *ruana* und kurze Leinenhosen trugen, ernährten sie sich von diesen *papas* oder Kartoffeln, die Gott ihnen überließ, ohne dass sie sie pflanzen, ohne dass sie dafür arbeiten mussten, die einfach so auf den Stoppelfeldern zum Vorschein kamen. Kartoffeln, die auch in den Kochtopf kamen in Zeiten der *hambruna*, des großen Hungers, wenn das ganze Jahr über Sommer war, und sie stillten den Hunger, wenn Schnee und Eis oder anhaltende Regenfälle die Äcker und Gemüsegärten zerstörten.

Sie wird nun nicht mehr gegessen, aber die *papa guasca* dient nach wie vor bestimmten Zwecken: ihre Lianen oder *guascas* eignen sich zum Befestigen von Zäunen und Strohdächern. Und den gut gereinigten und gemahlenen *sumo*[28] gibt man den Frauen, die noch kein Kind geboren haben, und so entsteht nach und nach die Familie.

Kobold und Wildkartoffel
Kalyim y kway mandzig ye

Der *duende*, der Kobold, klein und mutwillig wie ein Kind und zugleich mächtig wie ein kraftvoller Mann, treibt sich in diesen Gegenden herum, er zeigt sich mal da mal dort und springt und läuft davon. Womöglich pflanzt er diese Kartoffelstaude, die oben in den Bergen wächst, hoch aufschießt und im Laufe des Jahres wie die Kartoffel, die wir essen, vertrocknet und in der Erde ein ganzes Wurzelgeflecht hinterlässt.

Es ist die Pflanze des *duende*, und deshalb ist es nicht ratsam, sie zu zerstören. Und was nützte es auch, ihre Wurzeln auszureißen? Diejenigen, die sie in der Glutasche braten wollten, sahen zu ihrem Erstaunen, dass sie unverändert blieb – die heutige Glut vermag sie nicht zu garen. Nur von Kobolden lässt sie sich essen. Könnten die Christen sie braten, was äße dann dieses kleine, verspielte und mutwillige Wesen, das zwischen Felsen darauf wartet, dass sich ein Indio nähert, um ihn zu necken?

Frau zu Füßen des Borrachero
Isug yas gyeta

Wie angenehm ist – wenn man in den frühen Abendstunden die Wege entlanggeht – der Duft der Blüten des *yas* oder *borrachero*[29], Blüten, die wie längliche Glocken aussehen. Doch im Baum wohnt ein Geist in der Gestalt eines Adlers. Manche haben ihn herbeifliegen sehen, und dann verliert er sich, entschwindet dem Blick zwischen den Blättern, zwischen den Zweigen, zwischen den Blüten.

Es ist ein böser Geist: Wenn sich jemand mit geringen Kräften unter den Baum setzt, geschieht es, dass er alles vergisst und bewusstlos verharrt, als schwebe er auf den Adlerschwingen des Geistes *yas*. So kann es Männern und Frauen passieren, aber wenn eine Frau das Übel hat, wenn sie „unrein" ist, und in seinem Schatten ausruht, träumt sie selbstvergessen, dass sie mit Leuten vom Stamm der Páez schläft, Männern, die dauernd Koka kauen, und nach diesem Traum bleibt ihr im Bauch eine Gestalt, die nach einem halben Jahr ans Licht kommt in der Form der *pepas* oder Samen des Baumes.

Ein Geist, der bösartig Frauen schwängert. Ein Geist, der die Indios bestraft, wenn sie all die Sträucher, wo er lebt, ausreißen, um dort zu säen, denn dann gibt es nichts zu essen, selbst wenn es ein gutes Jahr ist; deshalb muss man ihm immer etwas lassen, und wenn es nur eine einzige Pflanze ist, die sich aussät.

So bösartig sei der Geist, erzählen die Alten, dass diese Bäume mit den Blüten, die wie längliche Glocken aussehen und in den frühen Abendstunden ihren Wohlgeruch verströmen, die Nahrung jener Indios gewesen seien, deren Name allein die Menschen erzittern lässt: die wilden *Pijao*.

Die Liane und die Hündin
Lul dzí y wera

Die junge Hündin, die in den Bergen ihrem Herrn bei der Jagd geholfen hat, ist am Lianenstrauch *lul dzí*[30] vorbeigestrichen, und nun wird sie sterben. Es gibt keine Rettung, denn *lul dzí* ist ein Zauberstrauch.

Man kann beobachten, wie sich seine Zweige ähnlich einem Stück Gummi zusammenziehen, und ein Wesen, das umschlungen wurde, muss zusammengezogen und gekrümmt sterben.

Es gibt keine Rettung für die arme Hündin, denn *lul dzí* hat sie mit seinen Zauberkräften geschwängert, nicht mit den Samen von Hunden, sondern von anderen, schädlichen Tieren.

Allein der kräuterkundige Medizinmann könnte die Hündin retten, aber die Hündinnen können ihn nicht rufen, und er hat längst die Sprache der Tiere verlernt.

Lul dzí schwängert auch Frauen, und die Kinder, die sie gebären, müssen als Tiere leben wie der *cusumbo*, der Igel, oder die *guagua*. Und er schwängert sogar die Männer: er lässt die Föten in ihren Beinen wachsen wie Kugeln, die den Männern das Gehen erschweren, sie fiebrig machen und erschöpfen, bis sie sterben.

Da hilft kein Beten, da kann auch der weiße Doktor nicht helfen; da nützt nur die Weisheit der alten Käuterkundigen, von denen es unglücklicherweise immer weniger gibt.

Mythos – Legende – Wirklichkeit

Warum sagen die Weissen, dass die Geschichten der Indios Mythen oder Legenden sind?

Sie wissen nicht, dass einst, vor langer Zeit, die Dinge leibhaftige Personen waren, die gelebt und gesprochen haben und ebenso im Himmel wie auf Erden oder auf dem Wasser wandelten.

Aber unter den Enkeln und Urenkeln der Alten, die einst Amerika bevölkert haben, lebt noch die Erinnerung daran, und so blieb der Glaube, dass Wirklichkeit ist, was die Menschen heute leugnen, weil sie die alten Kräfte des Verstehens eingebüßt haben.

Obwohl die Berührungspunkte mit den Menschen, die sich europäisch kleiden, immer zahlreicher werden, bewahren sich die Guambianos im Grunde ihres Herzens etwas von dem, was im Urteil der modernen Welt Mythos oder Legende genannt wird, so wie sie sich bisher ihre ursprüngliche Sprache und die ihnen eigenen alten Bräuche erhalten haben.

Der Blitzstrahl *Palayg*

Wenn die Wolken sich ballen, wenn im Zickzack die Blitze niedergehen und der Wind bläst, haben die Menschen Angst, und die kleineren Tiere suchen Schutz. Sie tun es, weil das Gewitter naht, das Unwetter, das, wenn es will, töten kann.

Denn das, was die Menschen heute Unwetter nennen, ist ein Mann, der in den Wolken lebt. Er ist so alt, dass sein Körper sich mit *chande* oder Körnchen gefüllt hat, einer Pickelkrankheit, die seine Hinterbacken schon ganz gespalten hat. Er lebt nackt, aber er hält einen Stab aus Gold in der Hand, und wenn wir Wetterleuchten und Blitze sehen, dann deshalb, weil der Unwetter-Alte aus den Wolken fällt und der Glanz seines goldenen Stabes die Erde erleuchtet. Die Blitze fallen auf die Hügel und Berge, und später steigt der Alte wieder zu seinem Wolkenhaus hinauf und lässt abermals im Wetterleuchten seinen Herrscherstab aus edlem Gold erglänzen.

Aber diejenigen, die sich an so vieles erinnern, was die Menschen früher wussten, fügen hinzu, dass es überdies den fahlen Blitz gibt, der die Bäume spaltet, dass es den steinernen Blitz gibt, der die Felsen verfolgt, und schließlich noch einen anderen Blitz, den Erdblitz, der auf die Erde fällt, sie emporhebt und umwälzt, als wühlte das Schwein sie mit seinem schädlichen Rüssel auf.

Der Wind *Isii tumbe*

Manche Dinge, die wir heute als der Erde und der Luft zugehörig betrachten, waren früher Personen. Diese Erscheinungen hatten dieselben Namen, die heute die Indios als Nachnamen tragen, und sie waren stolz auf ihre Macht. Unter den Pflanzen lebten zum Beispiel der Zahnsalbei, der Calambás-Pustel-Strauch[31], der Messer-Pambulal; und was heute allein Wind ist, nannte man damals Tombé-Wind oder *Viento Tombé*.

Dieser stolze Unruhegeist sagte überall unaufhörlich „Viento Tombé, Viento Tombé, Viento Tombé", bis er eines Tages in eine der Erdhöhlen der Region eindrang und sich dort binnen kurzer Zeit in einen wahrhaftigen Wind verwandelte und sich mitten in die Lüfte erhob und entschwand und immer in Bewegung war, manchmal mit Pausen zwischendurch und manchmal mit Sturmgewalt.

Dieser Tombé war schon reiferen Alters und hatte verschiedene Kinder, die sich, wie der Vater, in Winde verwandelten und sich aufmachten, um dicht über die Erde hinweg zu blasen, über die Hügel, durch die Schluchten und durch die Lücken zwischen den Felsen. Der Windvater bewegt sich in höheren Regionen, bläst kräftig über die hohen Berge hinweg und stößt niemals herab durch die Hohlwege, wo seine Kinder sich tummeln.

Und es ist so, dass der *Viento Tombé* ein reiner Wind sein muss, ein besonderes und machtvolles Wesen. Stieße er herab zu unseren Hügeln, Hohlwegen und Tälern, wo die Menschen wohnen, könnte er sich an dem Schmutz der Menschen anstecken – an dem, was die Frauen haben, wenn sie jeden Monat erkranken oder wenn sie ein kleines Menschenwesen gebären, oder an dem Schmutz, wenn Menschen sterben, und überhaupt an jedem Schmutz der Lebenden.

Die Windkinder können ruhig mit der Erde in Berührung kommen und die Menschen umspielen, auch wenn eine der Personen, die sie umstreifen, mit irgendwelchem Schmutz behaftet ist: Schmutz von Krankheit oder Tod, Schmutz, wie er im Überfluss unter den Menschen anzutreffen ist.

Pedro de Urdimales
Lendré Beru

Von diesem Pedro erzählt man sich hundert Geschichten, aber die wichtigste scheint, weil sie seinen unermesslichen Mutwillen zeigt, die folgende zu sein, die am Abend, wenn alle in der Küche sitzen, ein alter Indio erzählt: Hier in Guambía, wo wir jetzt sind, war vor langer Zeit die Erde flach und platt wie ein Tisch. Und da erschien eines Tages Pedro de Urdimales und überschwemmte weit und breit alles mit Wasser, so dass alle Lebewesen, die Menschen und die Tiere, höher und höher kletterten. Doch wegen des ungeheuren Gewichts all der vielen Lebewesen riss sich der Bergrücken los und befindet sich nun an jenem entfernten Ort, immer geradeaus von hier, den sie heute *loma del Patía* (Hügel von Patía) nennen.

Pedro, der alles überschwemmte, hatte eine Trommel, und in die Trommel tat er einen Mann, eine Frau und je ein Paar von allen Arten der Tiere, Männchen und Weibchen. „Das ist die Saat, falls alle Menschen sterben", sagte er.

Er wandelte auf den Wassern, ohne unterzugehen, rührte die Trommel und trieb mit den Menschen seine Scherze. Nach einiger Zeit ließ er die Erde trocknen, und das abfließende Wasser trug den größten Teil der Erde der Guambianos mit sich, weit fort, bis zum Meer. Das Wasser in den Flüssen sank und schwand, und weil das Wasser uns die Erde wegnahm, blieben uns am Ende all die Hohlwege und ausgetrockneten Flussbetten, und es bildeten sich die Hügel und Berge unserer Welt, wo einst, ehe dieser Pedro de Urdimales es überschwemmte, alles flach und platt gewesen war.

Eines Tages, wohl als er alt war, sagte er zu den Guambianos, sie sollten ihm, ehe sie ihn ins Grab senkten, die Füße mit einem kräftigen Pitahanfstrick[32] zusammenbinden und das eine Ende des Stricks aus der Erde heraushängen lassen. Aber die Menschen misstrauten ihm, und als er starb, begruben sie ihn in einem steinernen Sarg und hatten zuvor nur einen dünnen Hanffaden an den kleinen Finger seiner Hand geknüpft, dessen Ende

sie oben aus dem Grab heraushängen ließen. Sie hatten gut daran getan, denn Pedro war gar nicht tot, und wenn er sich regt und rüttelt, erbebt die Erde, weil er an dem Hanffaden zieht. Was wäre geschehen, wenn sie ihn mit einem starken Strick gebunden hätten?

Und noch heute sperrt und staut Pedro de Urdimales uns die Flüsse, so dass sie Sümpfe und Seen bilden. Wie könnte er sonst auf den Wassern wandeln und seine Trommel rühren?

Doña Manuela Caramaya
Máma Manuela Caramaya

Die alte Cayetana erzählt noch die Geschichte von der guten Frau, die einst die Mutter all der Menschen von Guambía gewesen ist; von ihr stammen alle ab, die heute hier leben. Obendrein hat sie einige Male ihr Volk gerettet. Sie wird von allen, und mit großem Respekt, Máma Manuela genannt.

Doña Manuela Caramaya hat einst viel geweint, denn die Eroberer näherten sich und wollten ihr das Land, das ihr gehörte, und ihre Saatfelder wegnehmen.

Schon kamen die Soldaten bewaffnet und bärtig den Weg herauf, der ihr gehörte. Da raffte sie Futter, rief ihre Tiere, schwarze und sehr große Kaninchen, und begleitet von ihrem Ehemann und ihren Kindern begab sie sich zu dem Felsen auf der Hochebene von Nuyabalc, auf die Hacienda[33], die damals La Selva hieß und heute fälschlich San Fernando genannt wird.

Schon wollen die Eroberer sie alle ergreifen, um sie zu taufen, als Doña Manuela das Tor im Hügel öffnete und mit ihrem Mann und ihren Kaninchen hinein ging und das Tor zusperrte, noch ehe die Kinder eintreten konnten, denn die Spanier hatten sie schon ergriffen und tauften sie.

Die Kinder, die armen, die bei der Taufe Salz zu schmecken bekamen, etwas, das sie nie zuvor gekostet hatten, verspürten danach eine ganze Woche lang keinen Appetit, denn es schmeckte ihnen nichts mehr, und jeden Tag mussten sie sich erbrechen, bis sie es lernten, an Speisen mit dem Geschmack von Salz aus dem Königreich Gefallen zu finden. Sie nannten sich mit Nachnamen Tombé und Tumiñá, die man ihnen gegeben hatte, an ihre Vornamen erinnert sich niemand.

Viele Jahre nach dieser Eroberung kam an einem Gründonnerstag spätabends ein Mann über die Hochebene von Nuyabalc, und da er erschöpft war, legte er sich bei dem Felsen schlafen. Gegen zwölf Uhr erwachte er von einem Geräusch, das wie ein

sich öffnendes Tor klang. Es war das Tor des Felsens, und aus dem Tor traten ein Mann und seine Frau; die Frau trug ein Bündel Heu im Arm und rief immer wieder „tova, tova, tova, tova". Da kamen hinter ihr, eines hinter dem andern, lauter Kaninchen heraus und fraßen. Die Frau war Máma Manuela, und sie war herausgekommen, um ihre Tiere zu sehen – die Tiere, die sie hatte, als sie einst hier auf der Hochebene lebte, ehe die Spanier kamen.

Danach schloss sich der Felsen wieder, und es klang, als fiele ein sehr großes Tor ins Schloss.

Die Kaninchen lebten dort noch bis vor wenigen Jahren unter den großen Steinen, die es auf dem Grund und Boden der Hacienda gibt, nahe dem Hügel, wo Doña Manuela in den Felsen eintrat, als die Eroberer sie und die ihren ergreifen wollten, um sie zu taufen, um ihnen Salz zu geben.

Doña Manuela und die Pijao
Máma Manuela Caramaya

Sie steht wie angewurzelt an einem Felsen; in der Hand hält sie einen Euphorbienzweig, den sie hin und her schwenkt; ihre Begleiter, Hund und Katze, liegen zu ihren Füßen. Sie bewacht die Wege, die von ihrem Land ausgehen und nach Popayán, nach Puracé, nach Timaná führen. Sie blickt in die Ferne und sagt immer wieder: „Bebebebebep". Was bedeutet, dass Männer, die so sprechen, sich nähern und ihren Pfeffersträuchern Schaden zufügen werden. Es sind die Pijao. Sie haben einen Hauptmann, der von Kopf bis Fuß mit goldenen Dingen geschmückt ist: Medaillen aus Gold, goldenen Ohrringen und Ketten und goldenen Armreifen. Die anderen sind auch geschmückt, aber der Hauptmann glitzert und glänzt mehr als sie alle.

Sie sind schon bis zu dem kleinen Ort Tunía vorgedrungen, wo sie alle Christen getötet haben. Sie haben ihr Fleisch gegessen, das Salz enthielt, und haben ihr Blut getrunken, das auch salzig war, und am Ende waren sie alle berauscht. Doch dann zogen sie weiter. Und nun kommen sie die Hänge herab und nähern sich dem Land der Menschen von Guambía. Sie tragen Lanzen und Zweige von Rosmarinbüschen des Páramo; sie werden unsere Leute essen, Schaden auf unseren Feldern anrichten und unsere Häuser und Ställe zerstören.

Aber dort, auf einem Felsen, steht immer noch Doña Manuela, schwenkt ihren Euphorbienzweig und sagt jetzt viele Male: „mui mbel, mui mbel, mui mbel", was heißt: „frailejón, frailejón, frailejón". Und da verwandelten sich die bösen Pijao je weiter sie bergab stiegen in *frailejón*-Sträucher.

Andere wiederum erzählen es so: Als auf der Hochebene von Nuyabalc die Pijao erschienen, um die Christen zu essen, schaffte Doña Manuela eine Schleuder zwischen zwei Hügel, dazu viele Steine, und als die Pijao nahe genug gekommen waren, ergriff Doña Manuela die Schleuder und tötete sie mit Steinen.

Vielleicht war es so, dass Doña Manuela auf die eine wie auch auf die andere Weise ihr Volk rettete, und deshalb meint man im Páramo oder auch in den Savannen in der Ferne Männer zu sehen, die dort scheinbar gehen.

Seht ihr nicht, dass die *frailejónes* immer noch Männern gleichen, weil sie einst böse Männer gewesen sind?

Die Legende von der Lagune
Kan pisú gwentu

In der Region von Quizgó[34] stand, einer kleinen Anhöhe gegenüber, ein Haus. Dort lebten eine Frau und ihre Tochter, der die Mutter niemals erlaubte, allein auszugehen. Die Mutter wollte nicht, dass die Tochter womöglich Liebschaften hätte oder in Familien mit einem Mann verkehrte. Deshalb musste die Tochter auch in einer Kammer schlafen, die man betrat, nachdem man drei Türen, die mit drei Schlüsseln fest verschlossen waren, durchschritten hatte.

Neugierige Männer, die nach der Tochter spähten, sahen des Abends, dass eine Katze sich in die Schlafkammer des jungen Mädchens schlich, doch die Katze war nichts anderes als eine Schlange, die für die Augen der Männer die Gestalt einer Katze angenommen hatte.

Nachdem eine Zeit vergangen war, gebar die Tochter einen Knaben, aber niemand durfte ihn berühren, auch ihre Mutter nicht. Eines Tages jedoch ging die junge Frau, um Brennholz vom Berg zu holen. Sie ließ den Sohn fest gewickelt zurück und sagte zu ihrer alten Mutter: „Vorsicht, nimm das Kind nicht heraus, wie sehr es auch weinen mag. Schaukle nur die Hängematte." Bald darauf fing das Kind an zu weinen und schlief nicht und hörte nicht auf zu weinen, wie sehr die Großmutter es auch in seiner Hängematte hin und her wiegte. Schließlich nahm sie das Kind heraus, setzte es auf ihren Schoß und fing an, es auszuziehen, als das Kind sich in eine Schlange verwandelte und den Armen der Großmutter entschlüpfte.

Die junge Frau kehrte zurück. Als sie die leere Hängematte sah, fragte sie ihre Mutter, und als sie die Wahrheit gehört hatte, versetzte sie nur: „Wenn es so war, dann soll es so sein." Darauf legte sie sich quer vor der Tür nieder, und im gleichen Augenblick sprudelten aus allen Ecken des Hauses Wasserquellen hervor, und das Wasser bildete eine Lagune.

Nachdem lange Zeit vergangen war, wollte man den See beseitigen. Ein Kanal wurde gegraben, doch das Wasser strömte mit solcher Gewalt in den Kanal, dass es viele Arbeiter tötete.

Als die Quelle fast trocken war, entdeckte man ein Farnkraut, und als man es abhackte, quoll Blut daraus hervor. Deshalb glaubte man, dass es die Mutter des Schlangenkindes sei.

Das davonfließende Wasser bildete in der Nachbarschaft des kleinen Ortes Ovejas eine neue Lagune. Noch immer, bis zum heutigen Tag, ist die Lagune dort zu finden, und die Leute glauben, wenn die Großmutter sich nicht erdreistet hätte, das Kind aus der Hängematte zu nehmen, worauf es sich wieder in eine Schlange verwandelte, dann wüchsen auf den Ländereien bis Quizgó alle Feldfrüchte der warmen Gegenden.

So aber bläst jetzt dort kalter Wind.

Der Geist des Menschen und der Zaubervogel *Kcrey*

Die Alten erzählen und alle glauben, dass der Geist oder die Seele eines Schlafenden den Körper verlässt und sich zu den Orten begibt, wo sein Herr sich am Tage aufgehalten hat, und noch darüber hinaus bis an die Grenzen, die der Blick zu erahnen vermochte.

Der Geist eines jeden Menschen schwebt durch die Lüfte, und ein anderer Geist, der in der Natur existiert, ein böser und schädlicher Geist, den die Guambianos *Kwaw Wera* nennen, was von *kwaw*, sterben, und *wera*, Hund, kommt, stellt den Seelen nach und verfolgt sie mit dem Wunsch, sie zu fressen.

Es gibt Augen, die ihn gesehen, und Ohren, die ihn voller Entsetzen gehört haben. Er hat die Gestalt eines Raubvogels mit starkem Schnabel voller scharfer Zähne und mit Furcht erregenden Krallen. Bellend wie ein Hund fliegt er durch die Lüfte und stellt den Seelen nach. Wenn er eine erwischt, zermalmt und zermahlt er sie. Sein Opfer stößt in der Luft leise Klagen aus wie ein Mensch, der einen heftigen Schmerz erleidet.

Dann geschieht es, dass der Mensch, zu dem die zermalmte Seele gehört, krank wird und stirbt. Wie könnte er weiterleben, wenn doch seine Seele von dem *Kwaw Wera* verschlungen wurde?

Auch wird – angesichts dieser ernsten Gefahr, die den Guambianos droht – von den Alten erzählt, dass der böse Geist sich um zwölf Uhr mittags aus den Senken zwischen den Hügeln und aus den Tälern der Flüsse in die Lüfte erhebt, und ebenso in den Nachtstunden, wenn alle, die in den *ranchos* leben, tief schlafen.

Nachwort

Wir haben anhand der Zeichnungen eines Indios einen Spaziergang gemacht: durch Teile der Geschichte, durch mancherlei Traditionen und durch vieles vom Alltagsleben einer Gruppe von Ureinwohnern, die bis heute in Kolumbien leben.

Der Verfasser hat sich an die Aufgabe des Ethnologen gehalten und sich bei den Beschreibungen darum bemüht, sie aus der gedanklichen Sicht des Indios und angelehnt an seine Erzählungen aufzuzeichnen. Er hat versucht, wie ein Indio zu fühlen und sich verständnisvoll einem Volk anzunähern, das zu unserem Land gehört.

Eingebildet auf die vorgebliche Überlegenheit ihrer Rasse und Kultur haben viele dieses Volk so behandelt, als wäre es eine Ansammlung von Kindern. Dabei sind es, ganz im Gegenteil, Kräfte menschlicher Reife und uralter Glaubensvorstellungen, sowie traditioneller Gemeinsinn, Sinn für Gerechtigkeit und schließlich soziale Tugenden, die es diesem Volk ermöglicht haben, lebendig weiterzuexistieren, ungeachtet der Begierden, der Ungerechtigkeiten und der Missachtung, denen es ausgesetzt gewesen ist und noch ausgesetzt ist.

Die Leistung und Großartigkeit unserer Ureinwohner gebührend zu beachten und zu würdigen, würde unserem Land zu Ruhm und Ehre gereichen.

Popayán, September 1949

Brett Troyan

Gregorio Hernández de Alba (1904-1973) oder Die Legitimierung der ethnischen Politik der Ureinwohner Kolumbiens

Eine der bemerkenswertesten jüngeren Entwicklungen in der Geschichte Kolumbiens des zwanzigsten Jahrhunderts ist der Erfolg der politischen Bewegung der Ureinwohner. Gegenwärtig haben 81 ethnische Ureinwohner-Gruppen, die insgesamt 603.000 Menschen umfassen, Anrecht auf annähernd 25 Prozent des nationalen Territoriums. Der weitaus größte Teil, der den Gemeinwesen kolumbianischer Ureinwohner gehört, ist kollektiver Besitz: 80 Prozent der Ureinwohner besitzen 408 resguardos (kollektive, urkundlich eingetragene, unveräußerliche Ländereien) von einem Gesamtumfang von 27.621.257 Hektar. In der Verfassung von 1991 bekräftigte der Staat die Unveräußerlichkeit dieser kollektiven Ländereien. Die Gemeinwesen der Ureinwohner haben überdies das Recht der autonomen Gerichtsbarkeit innerhalb der resguardos und der direkten Auszahlung staatlicher Gelder an die Bezirksbehörden der resguardos.

Die Durchsetzung dieser fortschrittlichen Gesetzgebung ist nicht ohne Konflikte vonstatten gegangen, und in bestimmten Gebieten Kolumbiens haben Grundbesitzer und andere Gruppen die legalen Ansprüche der Ureinwohner mit Gewalt und Druck angefochten. Der kolumbianische Staat hat es oftmals versäumt, den legislativen Erfolg der Ureinwohner-Bewegung zu schützen und zu sichern. So hat der Erfolg viele der Probleme wie Gewalt und Ungleichheit, denen sich die Gemeinwesen der Ureinwohner gegenüber sehen, nicht gelöst. Zugleich ist es wichtig, die Bedeutung der Legitimität, die den Ansprüchen der Ureinwohner durch den Staat zuerkannt wurde, zu sehen und die Mittel zu begreifen, mit denen Ureinwohnergemeinwesen die rechtliche Anerkennung ihrer Forderungen durch den Staat erreicht haben. Auf Grund dieser Legitimität hat die Bewegung der Ureinwohner beachtliche Erfolge erzielt.

Wissenschaftler und Fachleute haben den Erfolg der Ureinwohner der Stärke ihrer *grassroot*-Organisationen, der Schwäche der Zentralregierung, der außergewöhnlichen intellektuellen Führung der Gemeinwesen der Ureinwohner und, neuerdings, den hilfreichen interkulturellen Beziehungen zugeschrieben, die mit anderen Kreisen der kolumbianischen Gesellschaft geknüpft werden konnten.

Diese Faktoren mögen beim Erfolg der Bewegung der kolumbianischen Ureinwohner eine wichtige Rolle gespielt haben, doch wird darüber oft übersehen, auf welche Weise die Zentralregierung das ethnische Programm der Urweinwohner aktiv unterstützt hat. Viele Fachleute gehen davon aus, dass der Staat vor den neunziger Jahren des zwanzigsten Jahrhunderts dem Festhalten am kommunalen Grundbesitz bei den Gemeinwesen der Ureinwohner ablehnend gegenüberstand. Historiker haben der Entwicklung eines Diskurses innerhalb des kolumbianischen Staates, der schon von den dreißiger Jahren an die ethnische Politik der Ureinwohner legitimierte, wenig Beachtung geschenkt. Wissenschaftler, die einräumen, dass der Staat eine gewisse positive Rolle gegenüber den Gemeinwesen der Ureinwohner gespielt haben mag, datieren diesen Trend auf die Zeit der achtziger Jahre. Das Aufkommen und die Konsolidierung der Guerrillabewegung in den achtziger Jahren habe den Staat gezwungen, den territorialen Forderungen der Ureinwohner zuzustimmen. Ich gebe zu, dass die Schwäche des Staats gegenüber den Guerrillabewegungen eine entscheidende Rolle bei den gewährten Konzessionen gespielt hat: eine politische Lösung, die sich darauf gründete, dass man den Gemeinwesen der Ureinwohner große Gebiete von Land zugestand, war nur möglich und wurde nur deshalb als legitim betrachtet, weil Intellektuelle und die Zentralregierung die ethnische Politik schon vor den achtziger Jahren legitimiert hatten.

Weit davon entfernt, die von Ureinwohnern gestellten ethnischen Forderungen abzulehnen, förderte der kolumbianische Staat vielmehr die Entwicklung einer eigenen Identität der Ureinwohner in zwei getrennten historischen Phasen vor den achtziger Jahren. Zwischen 1930 und 1947 begann der liberale Staat eine ethnische Identität der Ureinwohner zu entwickeln, die auf kollektivem Grundbesitz und dem Rang ihrer Kultur beruhte. In einer zweiten wesentlichen Phase, zwischen 1958 und 1962, legitimierte die kolumbianische Zentralregierung die auf ethnischer Identität beruhenden Forderungen der Ureinwohner und schuf so einen politischen Raum, den Aktivisten unter den Ureinwohnern nutzten, um eine Bewegung zu schaffen und über ihre Forderungen zu verhandeln. In beiden Phasen rang der Staat mit Fragen des Nationalismus und der Legitimität. Die Aufwertung der Gemeinwesen der Ureinwohner durch den Staat in den dreißiger Jahren gab der Liberalen Partei, die nach langen Jahrzehnten politischen Ausgeschlossenseins an die Regierung gekommen war, eine neue Rolle und Legitimität in den ländlichen Gebieten Kolumbiens. Nach einer Periode schlimmster Gewalttätigkeit, die Kolumbien von 1947 bis 1953 heimsuchte, versuchten der Staat und seine führenden Politiker, staatliche Präsenz und Legitimität wiederherzustellen. Einer, ein nicht zu den Ureinwohnern gehörender Intellektueller und Aktivist, Gregorio Hernández de Alba, spielte in beiden erwähnten Phasen eine entscheidende Rolle bei der staatlichen Legitimierung der ethnischen Politik der Ureinwohner.

Gregorio Hernández de Albas Leben bietet Einblick in die fortschrittliche Entwicklung der Einstellung des Staates gegenüber den Ureinwohnern und ihren Forderungen. Hernández war eine außergewöhnliche Persönlichkeit, denn er war beides: Intellektueller und ein Aktvist innerhalb des Staatsapparats. Zwar war er keineswegs der einzige bedeutende kolumbianische Intellektuelle, der mit Blick auf das Verhältnis zwischen Staat und Ureinwohnern über die kolumbianischen Ureinwohner schrieb und ihre Gemeinwesen analysierte, doch war er eine besonders wichtige Gestalt, weil sein Interesse an den Ureinwohnern über vierzig Jahre lebendig blieb und weil er in der Lage war, seine intellektuellen Aktivitäten in staatliche Maßnahmen umzusetzen.

Bei anderen kolumbianischen *indigenistas* oder Vorkämpfern für die Sache der Ureinwohner wie Antonio García, die wohldurchdachte innovative Analysen über die missliche Lage der Gemeinwesen der Ureinwohner in den 1930er Jahren verfassten, gingen Interesse und Fürsprache für diese ethnischen Gruppen während des Aufstiegs, den marxistische Politik und Klassendiskurs in den sechziger und siebziger Jahren nahmen, stark zurück. Hernández dagegen blieb ein *indigenista* auch noch dann, als der *indeginismo* passé war. Außerdem war er verantwortlich für die 1958 eingeschlagene staatliche Politik gegenüber den Gemeinwesen der Ureinwohner. Sein Engagement für die ethnisch-politischen Bestrebungen der Urweinwohner wurde mit den Jahren tiefer und um so einflussreicher.

Indigenismo: die Gemeinwesen der Ureinwohner „sichtbar" machen

Nach Jahrzehnten konservativer Herrschaft gewannen die Liberalen 1930 die Präsidentschaftswahlen und damit die Macht innerhalb der Zentralregierung. Die Regierung und das Amt des Präsidenten blieben bis 1946 in der Hand der Liberalen. In dieser liberalen Ära konsolidierte die Regierung mit Hilfe einer arbeiterfreundlichen Gesetzgebung ihre Allianz mit der städtischen Arbeiterklasse. Neben dieser fortschrittlichen Gesetzgebung schlug die liberale Republik eine Agrarreform vor und versuchte die Landarbeiter zu organisieren. Vielen Liberalen galt das Land als Bastion des Konservatismus, und so versuchten sie neue Bündnisse mit den Landarbeitern zu schließen, auch mit den Ureinwohnern, die überwiegend in den ländlichen Gebieten lebten. Eine andere Sorge der Liberalen Partei galt der wachsenden Popularität sozialistischer und kommunistischer Bewegungen auf dem Land, die eine Bedrohung der Hegemonie des Zweiparteiensystems darstellte.

Die Ureinwohnerschaft Kolumbiens war, rein prozentual gesehen, klein, aber in politischer Hinsicht im Departamento Cauca wichtig, sowohl ihres verhältnismäßig großen Anteils wegen als auch auf Grund der langen Geschichte ihrer politischen Mobilisierung. Einige der prominentesten Anführer der Ureinwohner im Cauca waren vom Kommunismus und Sozialismus angezogen. Deshalb war der Prozess, die Ureinwohner-Bevölkerung Kolumbiens und insbesondere die des Cauca durch *indigenismo* „sichtbar" zu machen, ein wesentlicher Bestandteil des politischen Programms der Liberalen Partei.

Indigenismo wird hier als der Versuch verstanden, die Ureinwohner und ihre Kultur im Kontext einer nationalen Kultur zu würdigen, die ihren spanischen Charakter über alles andere gestellt hatte. *Indigenismo* in Kolumbien war nur eine Facette der von der liberalen Regierung Kolumbiens in den dreißiger und vierziger Jahren unternommenen Bemühungen, eine „populäre Kultur" in den Vordergrund zu rücken und der Folklore wieder Geltung zu verschaffen. Die große Mehrheit der Befürworter dieser Bewegung kam, wie Hernández, aus der kolumbianischen Mittelschicht. Wissenschaftler wie Roldán (2002) und Braun (1985) haben darauf hingewiesen, dass sich das Aufkommen dieser Schicht parallel zu den politischen Veränderungen der zwanziger und dreißiger Jahre ereignete und aufs engste mit ihnen verbunden war.

Hernández war in hohem Maße ein Repräsentant dieser aufkommenden liberalen Mittelschicht – einer Schicht, die am politischen Leben der kolumbianischen Nation teilnehmen wollte. Er geriet in die Politik durch seine Bemühungen, die Gemeinwesen der Ureinwohner für den Staat und die Öffentlichkeit sichtbar zu machen. Anhand seines Lebenslaufs lässt sich die Entwicklung der Haltung des kolumbianischen Staates zu den Ureinwohnern und seiner Politik ihren Gemeinwesen gegenüber beleuchten.

Gregorio Hernández de Alba wurde am 20. Juni 1904 in Bogotá geboren. Die Familie war gut situiert, aber nicht reich. Nach Aussagen seines Sohnes war der Vater von Gregorio Hernández möglicherweise Architekt, wahrscheinlich aber eher ein kleiner Bauunternehmer, der Häuser baute. So gehörte Hernández, den man durchaus als Mitglied der intellektuellen Elite betrachten kann, ökonomisch gesehen der Mittelschicht an. Als sein Vater starb, kamen die Kinder aus seines Vaters erster Ehe für die Ausbildung Gregorios und seiner Geschwister auf. Hernández studierte an der *Escuela Nacional de Comercio* in Bogotá, wo er Germán Arciniegas kennen lernte, einen der führenden liberalen Intellektuellen Kolumbiens. Durch Arciniegas sollte Hernández vielen liberalen Politikern begegnen, die ihm später zu politischen Posten verhalfen.

Arciniegas und später Hernández gehörten überdies einer der wichtigsten Organisationen an, die sich der Förderung von Nationalismus und *indigenismo* widmeten, der künstlerisch und literarisch orientierten Bachue-Gruppe. Die Mitglieder der Bachue-Gruppe hatten sich zum Ziel gesetzt, eine authentische und nationalistische Kultur zu schaffen, dabei aber die Fallstricke des europäischen Faschismus zu vermeiden. Die Gruppe war keine feste Vereinigung, sondern eher eine lose Vereinigung von Intellektuellen, die Fragen der nationalen Identität aus den verschiedensten Richtungen und Perspektiven erforschten. Ein wichtiger Beitrag der Gruppe bestand darin, dass sie das in Kolumbien in den dreißiger Jahren vorherrschende negative Bild und die negativen Darstellungen der Ureinwohner hinterfragten. Laureano, einer der führenden Männer der Konservativen Partei und einflussreicher Redner, war im Hinblick auf den ethnischen Charakter der Kolumbianer zutiefst pessimistisch: er betrachtete die Gruppen der Ureinwohner und der Afro-Kolumbianer als rassisch minderwertig, träge und als ein Hindernis für den Fortschritt Kolumbiens. Die Intellektuellen der Mittelschicht dagegen, die zur Lebensrealität der Ureinwohner nicht unbedingt eine Beziehung hatten, sie oft nicht einmal kannten, versuchten, die pessimistischen und rassistischen Vorurteile vieler kolumbianischer Intellektueller zu entkräften. Auch übten sie Kritik an der allgemeinen Unkenntnis hinsichtlich des kulturellen Erbes der Ureinwohner.

Um diese Wissenslücke zu schließen, gründete Hernández 1935, zusammen mit Guillermo Fisher, die erste archäologische Gesellschaft Kolumbiens. Hernández war bis 1946 ihr Leiter. Dank seiner Ermunterung und Überredungskraft wandelte Gustavo Santos, eines der Mitglieder, die archäologische Gesellschaft von einer privaten Initiative in eine staatliche Institution um: 1937 wurde sie dem Ministerium für Erziehung und Bildung angeschlossen.

Als Hernández 1935 mit seinen anthropologischen Feldforschungen begann, entsandte ihn Luis López de Mesa, der damalige Erziehungsminister, in die Guajira, wo er an einer von der University of Pennsylvania und der Columbia University finanzierten ethnologischen Expedition teilnehmen sollte. In der Guajira arbeitete Hernández mit deutschen und nordamerikanischen Fachwissenschaftlern wie Korn, Petrullo und Kirchhoff zusammen. Nach Abschluss der Feldforschungen veröffentlichte er *Etnología Guajira* (1936), womit der kolumbianische Intellektuelle zum ersten Mal auf das Vorhandensein und die Bedeutung von Gemeinwesen der Ureinwohner wie die der *Wayu* aufmerksam machte. Obwohl er kein ausgebildeter Ethnologe war, spielte er eine größere Rolle bei der Aufklärung der Öffentlichkeit über Kolumbiens Ureinwohner, ihre Gemeinwesen und ihre Kultur.

Auch in den Schriften über seine späteren, in San Agustín, Huila und Tierradentro, Cauca, betriebenen Feldforschungen wies Hernández immer wieder auf die hohe Bedeutung der Kultur der Ureinwohner hin. Diese Veröffentlichungen trugen wesentlich dazu bei, Einstellungen und Vorurteile gegenüber den Ureinwohnerkulturen zu modifizieren. Er veröffentlichte die Ergebnisse seiner Arbeiten in der größten Zeitung Kolumbiens, *El Tiempo*, sowie in wissenschaftlichen und kulturellen Zeitschriften wie der *Revista Pan* (1935) und der *Revista des las Indias* (1938).

In ganz Lateinamerika widmeten sich *indigenistas* dem Studium präkolumbianischer Kulturen. Hernández' Arbeiten waren insbesondere für Kolumbien von großer Bedeutung, da das Land keine berühmte Zivilisation wie die Inkas oder die Azteken hervorgebracht hatte. Zeitgenössische Intellektuelle wie zum Beispiel Ignacio Torres Giraldo, ein bekannter Marxist und Intellektueller, lobte den Versuch der *indigenistas*, aufzuzeigen, dass die Ureinwohner-Gruppen Erben eindrucksvoller Zivilisationen waren, betrachtete jedoch die Archäologen und *indigenistas* als reine Museumssammler, die sich für die derzeitige missliche Lage der Ureinwohner keinen Deut interessierten und für das politische Programm der Ureinwohner-Gruppen irrelevant waren. Diese kritische Haltung war insofern richtig, als manche Archäologen tatsächlich keine Ahnung von der politischen Realität der Ureinwohner hatten. Und doch war dieses Stadium, in dem die Archäolgen Zeugnisse für die Existenz alter Zivilisationen in Kolumbien sammelten, eine entscheidende und notwendige Phase auf dem Weg, der schließlich dahin führte, dass man die heutigen Gemeinwesen der Ureinwohner ermutigt, ihre Kultur zu bewahren und an ihrer Lebensweise festzuhalten. Der territoriale Zuwachs und die kulturelle Anerkennung der Ureinwohnergruppen in der Verfassung von 1991 gingen auf das nunmehr von beiden Seiten geteilte Verständnis für die Bedeutung der Kultur der Ureinwohner zurück.

Erfahrungen in Europa, 1939 – 1941, und das amerikanische Bewusstsein

In zunehmendem Maße wurde Hernández klar, dass die Ureinwohner-Zivilisationen es wert waren, genauer erforscht zu werden – und dass die Vorstellungen einer europäischen Überlegenheit absurd waren angesichts des Gemetzels und der Zerstörungen, die der Zweite Weltkrieg entfesselt hatte. Dr. Paul Rivet, damals Direktor des Musée de l'Homme in Paris, lud ihn ein, seine ethnologischen Studien in Paris fortzusetzen. Rivet war nach Kolumbien gekommen, um die archäologische Ausstellung anlässlich des 400-jährigen Bestehens der Stadt Bogotá zu besuchen. Hernández' Verbindungen zur Liberalen Partei verhalfen ihm zu den nötigen Mitteln, mit seiner Familie nach Paris zu gehen. Eduardo Santos, Präsident der liberalen Regierung, übertrug ihm einen Posten als Diplomat im kolumbianischen Konsulat, der es Hernández ermöglichte, seinen Aufenthalt zu finanzieren. Eduardo Santos und der Erziehungsminister Luis López de Mesa legten Wert darauf, einen kolumbianischen Intellektuellen zu Studienzwecken in Europa zu wissen.

In seinem europäischen Tagebuch zieht Hernández einen aufschlussreichen ironischen Vergleich zwischen Europa und seinem geliebten Kolumbien. Gleich in der ersten Eintragung, die er am 24. August 1939 bei einem Aufenthalt in Berlin niederschrieb, heißt es:

Nie zuvor habe ich mich in einer Stadt so sehr als Fremder gefühlt wie in dieser sauberen, großen, uniformierten und militarisierten Stadt. Als Fremder der Sprache wegen, der Atmosphäre wegen. Einsam, allein. Schrecklich allein, wenn ich an diese Kaffeeterrasse des [nicht zu entzifferndes Wort] denke. Im Hin und Her der europäischen Politik, angesichts des mangelnden Bewusstseins dieser zivilisierten Menschen und der Tragödie, die über uns hängt, die auf allem drückend lastet, auch auf meinem Kolumbien, meinem wilden Amerika, wo noch Frieden herrscht, wo man noch frei und ungehindert lebt, wo Ethik und Moral für die Menschen noch Bedeutung haben, wo man noch immer einer Überzeugung anhängt, nach der man lebt, in der Hoffnung, dass sie sich erfüllt. Links orientiert, rechtsgerichtet, als Anhänger der Mitte – einerlei: welcher Richtung man auch folgt, man folgt ihr loyal, zuverlässig, nobel.

Hernández hielt das „zivilisierte" Europa für moralisch verdorben und betrachtete die Diktatur als eine unausweichliche Folge. Im Gegensatz dazu verband er das Kolumbien, das er liebte, mit Demokratie, Frieden und einem starken Gespür für Moral.

Dieser Eindruck, dass Europas Ideologie und Politik moralisch korrupt und untauglich für den amerikanischen Kontinent waren, wurde zweifellos noch verstärkt, als 1939, während seines Aufenthalts in Berlin, der Nichtangriffspakt zwischen Deutschland und der Sowjetunion unterzeichnet wurde. Das erklärt auch weitgehend, warum er sich von marxistischer Politik und vom marxistischen Diskurs, der in den siebziger Jahren in Kolumbien so populär wurde, nicht angezogen fühlte. Hernández sah Stalins Rußland ähnlich wie Nazi-Deutschland. Für sein Gefühl waren die europäischen Ideologien, die kommunistische eingeschlossen, von Grund auf korrupt. Seine Reaktionen auf seine Erfahrungen in Europa werfen auch ein Licht auf seine zukünftige berufliche Laufbahn und die Festigung seines eigenen ideologischen Bewusstseins, das sich zum Beispiel stark vom politischen Denken Antonio Garcías unterschied, der *indigenismo* mit Sozialismus verband.

Hernández war auch davon überzeugt, dass Europa und die Europäer eine im Niedergang begriffene Zivilisation waren und dass der Zweite Weltkrieg ihre Vorrangstellung beenden würde. Er sah überraschend genau voraus, dass dies ein historischer Augenblick war, eine Gelegenheit für Amerika als Kontinent, die Fackel der „Zivilisation" zu ergreifen. Doch seine Naivität, sein Glaube, dass Rechtschaffenheit, Demokratie und Freiheit die herausragenden amerikanischen Eigenschaften seien, verzerrte seine Wahrnehmung der Politik auf dem amerikanischen Kontinent. Der krasse Gegensatz, den er zwischen Nord- und Südamerika einerseits und Europa andererseits sah, machte ihn blind für die autoritären Traditionen in manchen Teilen Lateinamerikas sowie für die represssive Behandlung der afrikanischen Amerikaner und der amerikanischen Ureinwohner in den USA der dreißiger und vierziger Jahre des 20.Jahrhunderts. Gewiss, man muss in Betracht ziehen, wann er diese Tagebucheintragungen niederschrieb: es war ein Tiefpunkt in der Geschichte Europas, und sein eigenes Heimweh nach Kolumbien hatte einen Höhepunkt erreicht. Seine optimistische Darstellung Kolumbiens ist Ergebnis jenes außergewöhnlichen Moments in den dreißiger Jahren, als die Demokratie und die Hoffnungen auf soziale Veränderung blühten. Das Wichtigste an den Erkenntnissen, die Hernández im Europa des Zweiten Weltkriegs gewann, war sein geschärftes Bewusstsein für Fragen der Rasse und die Gefahren der Diskriminierung von Menschen aus ethnischen oder religiösen Gründen – etwas, das sein Leben und seine gesamte berufliche Laufbahn prägen sollte.

Am 25. August 1939 forderte Konsul Quijano Hernández auf, unverzüglich nach Paris zurückzukehren. Der Ausbruch des Zweiten Weltkriegs stand unmittelbar bevor. Die Beschreibung seiner Eisenbahnreise offenbart nicht nur seine Beobachtungsgabe und sein erzählerisches Talent, sondern auch sein Mitgefühl mit denen, die ihrer Rasse wegen in Gefahr waren. Ob der Zug es noch schaffte, ehe Deutschland die Grenzen schloss, war keineswegs sicher, und die Anspannung bestimmter Reisender in dem Zug ist geradezu greifbar in seinem Bericht.

Zwei ältere Herren und ein junges Paar im Nachbarabteil wurden [an der Grenze] aufgefordert, den Wagon zu verlassen. Auf dem Bahnsteig fragen sie nach ihren Pässen, die ein Aufpasser an sich genommen hat. Sie setzen sich auf eine Bank. Sie sehen niemanden an. Sie sprechen nicht. Sie beantworten kurz die Fragen der Soldaten. Der Zug fährt ab. Sie sitzen schweigend da und sehen uns nach. Es sind Juden. Sie konnten diese Hölle nicht verlassen. Einen Moment lang vielleicht hatten sie noch gehofft. Aber die letzte Wagentür wurde brutal zugeworfen. Was steht ihnen nun bevor? Im besten Fall der Tod. Ah, Zivilisation! Ah, großartiges Deutschland. Ah, das Verbrechen, in Europa geboren zu sein!

Mit erstaunlicher Klarheit sah Hernández das schreckliche Schicksal voraus, das den Juden bevorstand. Im September 1939 wussten die europäischen Beobachter noch nichts von der „Endlösung"; der Beschluss von 1941 wurde erst nach dem Zweiten Weltkrieg bekannt und bestätigt. Aber Hernández wies auf die Absurdität hin, dass eine „zivilisierte" Nation Menschen ihrer Rasse oder Religion wegen vernichten wollte. Seine moralische Empörung und sein Abscheu angesichts dessen, was in Europa geschah, kamen in seinem Tagebuch immer wieder zur Sprache.

Im April 1941 besuchte Hernández Madrid. Auch hier sah er die europäische Zivilisation eng mit moralischer Dekadenz und Diktatur verbunden. Diese Haltung mag den Eifer erklären, mit dem er das amerikanische und das von den Ureinwohnern herrührende Element der kolumbianischen Identität unterstreicht. Spanien unter Franco war – dies sein vorherrschender Eindruck – ein Land unglücklicher und unterdrückter Menschen. Prostituierte und Bettler sprachen ihn auf seinen Wegen durch die Stadt an, und er schrieb ihre große Zahl wie auch ihre Aufdringlichkeit dem weit verbreiteten Hunger, der Korruption und dem „mugre", dem Schmutz zu. Die zahlreichen Militärparaden erbitterten ihn, wie die folgende Beschreibung zeigt:

Eine Parade mit erhobenen Händen, aber ich hörte keinen einzigen begeisterten oder jubelnden Ruf. Nach der morgendlichen Durchsuchung aller Häuser, an denen die jefes *vorbeikommen würden, und nachdem man zuvor auf den Terrassen und Balkonen bewaffnete Gardisten postiert hatte, zogen, zwischen zwei Reihen bewaffneter Soldaten zu beiden Seiten, von denen die eine auf den Bürgersteig, die andere auf die Straße blickte, die* jefes, *die Panzer, die Kanonen und die Rotmützen vorbei. War es der graue Himmel, oder war es der Gedanke an das, was dies für das spanische Volk bedeutete? War es die Vorstellung, dass es nützlicher und logischer gewesen wäre, ein Volksfest zu feiern, bei dem die Leute, statt schweigend und misstrauisch dazustehen, hätten lachen, singen, tanzen und essen können? War es die Erinnerung daran, dass ich in Kolumbien, meinem Kolumbien, oft Staatsoberhäupter gesehen habe, die sich frei in der Menge bewegten, ohne Leibwächter, weil sie den Willen des Volkes repräsentierten, zu dessen Wohl sie arbeiteten und das sie liebten? Ich weiß nicht, was es schließlich war, das diese Traurigkeit in mir auslöste, so dass ich diesen gloriosen Apriltag in meinem Zimmer beendete und den Inka Garcilaso las.*

Diese undatierte Passage wurde eindeutig zu der Zeit niedergeschrieben, als Hernández sich 1941 in Spanien aufhielt. Wieder rühmt er die fröhliche und friedliche Natur der kolumbianischen Politik, weil Kolumbien, im Gegensatz zum Europa der vierziger Jahre, eine Demokratie war, wo die Menschen an der Politik beteiligt waren und vielleicht die Rivalen in ihrer eigenen Partei fürchteten, nicht aber eine Militärregierung. Worte, die melancholisch stimmen, wenn wir daran denken, dass Kolumbien heute ein ganz anderes Land ist, in dem die Politiker auf Leibwächter angewiesen sind.

Bedeutsam ist auch, dass Hernández sich in sein Zimmer zurückzog, um den Inka Garcilaso zu lesen, den Sohn einer Inkaprinzessin, der in einem sozialgeschichtlichen Kommentar die Inkas als zivilisierte und gute Menschen porträtierte, anders als die spanischen Chronisten, die sie als Barbaren darstellten. Als *mestizo* war Garcilaso auch ein Repräsentant der amerikanischen Identität, in die Hernández verliebt war. Doch wird hier auch seine teilnahmsvolle Sorge um Unterdrückte und sein Glaube an den Wert jeder Kultur deutlich. Er missbilligte in seinem Tagebuch heftig die Politik des Franco-Regimes, das die Vertreter regionaler Kulturen verfolgte und allen eine uniforme Kultur aufzwang.

Auf der Rückreise nach Kolumbien machte er Station in Havanna, wo er abermals seine Überzeugung ausdrückt, dass die amerikanischen Staaten dank der Freiheit, in der ihre verschiedenartigen Völker lebten, glücklich dran seien.

Kleine tamales, *mit der Hand gegessen,* hot dogs, *Bacardi, Bier, und vor allem die Schönheit dieser Stadt und, wenn man gerade aus Europa zurückgekehrt ist, der wunderbare Eindruck, unter*

glücklichen Menschen zu sein, unter Menschen, die lachen und sich des Lebens freuen können, die essen und reden können. Ah, die Schönheit des amerikanischen Lebens in Amerika, Völker, die frei sind und in Frieden leben, von der Natur mit so vielen wunderbaren Dingen gesegnet!
(Aus dem Tagebuch.)

Hernández schlug eine Brücke zwischen dem intellektuellen Model des *indigenismo*, das eine amerikanische Identität zelebrierte, und der größeren, weltweiten antirassistischen und antifaschistischen Bewegung, die in den vierziger Jahren entstand. Dieser Brückenschlag spiegelt sich in einem kurzen, 1944 in *América Indígena* veröffentlichten Artikel wider, in dem Hernandez ausführte, dass die Ureinwohner-Kulturen überall auf dem amerikanischen Kontinent gemeinsame Charakteristika hätten und dass diese Gemeinsamkeit den amerikanischen Ländern zur Einheit verhelfen könne. Er erklärte: „Wenn wir sagen, was indianisch ist, bringen wir zum Ausdruck, was amerikanisch ist. Wenn wir auf das, was indianisch ist, herabsehen, machen wir verächtlich, was unsere Länder einen sollte."

Die Literatur über afrikanisch-amerikanische Identität und die schwarz-atlantische Welt trägt wesentlich dazu bei, die Verbindungen zwischen Hernández' Hinwendung zum Erbe der Ureinwohner Kolumbiens und seiner Ablehnung jeder Art von Faschismus und Rassismus zu verstehen. Am Ende des Ersten Weltkriegs hatte der Prozess begonnen, der die Vorstellungen von der intellektuellen und rassischen Überlegenheit der Europäer entlarvte. Wilson Moses dokumentiert in dem Buch *The Golden Age of Black Nationalism* (1978), wie Europäer die Auswirkungen des Ersten Weltkriegs zur Kenntnis nahmen:

„Es war nicht Deutschland, das den Weltkrieg verlor", schrieb Oswald Spengler, „der Westen verlor ihn, als er den Respekt der farbigen Rassen verlor." Spengler war nicht der einzige Untergangsprophet in dem Zeitalter der Angst, das auf den Ersten Weltkrieg folgen sollte.

Die Erkenntnis, dass die europäischen Modelle bankrott waren, ermutigte Kulturen und Nationen an der „Peripherie", alternative Modelle für Nationalismus und Kultur zu entwickeln und zu schaffen. Paul Gilroy erörtert die Entwicklung einer alternativen Kultur, die „authentisch" zu sein versucht und dennoch eine Reaktion auf die europäischen Modelle ist. Hier spielte Hernández eine Schlüsselrolle. Die Grenzen der europäischen Zivilisation waren ihm zutiefst bewusst, und so bemühte er sich, Vorstellungen für ein neues Kolumbien zu entwickeln, das seine Inspiration nicht in der spanischen Kultur oder im spanischen Erbe suchte, sondern in den Kulturen der Ureinwohner.

Das war etwas absolut Neues in einem Land, das in den dreißiger und vierziger Jahren noch ganz verliebt war in die spanische Kultur und sein spanisches Erbe zum Privileg zu erheben suchte. Während Hernández also einer Tradition des *indigenismos* zuzurechnen ist, die bei ihm von seinen Vorkriegserfahrungen herrührt, stammen seine Modernität und sein tiefes Engagement gegen jede Form des Rassismus aus seinen Erfahrungen im Zweiten Weltkrieg. Die Verbindung von Antifaschismus und ethnologischen Studien ging über die diskursive Ebene hinaus. Und, wie Roberto Pineda bemerkt, die Mittel für die Recherchen und die Herausgabe der Zeitschrift des Nationalen Ethnologischen Instituts in Kolumbien kamen vom Kommitee Freies Frankreich, das von de Gaulle geleitet wurde.

Wieder in Kolumbien, 1941 - 1958

Hernández kehrte 1941 nach Kolumbien zurück. Trotz seiner hohen Erwartungen sollte er jedoch die nächsten vier Jahre über eine schwierige Zeit haben und viele Enttäuschungen erleben. Das hing zu einem Teil mit der gleichzeitigen Ankunft seines Mentors Dr. Rivet zusammen, der in Kolumbien ins Exil ging. Ehe er nach Kolumbien aufbrach, hatte Rivet einen Brief an Maréchal Pétain, den Staatschef des französischen Vichy-Regimes, geschrieben, in dem er zum Ausdruck brachte, wie betrogen er sich fühlte, als er herausfand, dass die französischen und nicht die deutschen Behörden ihn aus seinem Amt vertrieben hatten: Am Morgen des 14. Juni, als die Nazis über die Place de Trocadéro marschierten, hatte Rivet an das Portal des Musée de l'Homme ein Gedicht von Rudyard Kipling gehängt, in dem es hieß, dass man eine Niederlage niemals hinnimmt, sondern den Kampf weiter führt. Die Botschaft war eindeutig: Frankreich würde sich aus der Niederlage wieder erheben. Rivet wurde nicht nur dieser mutigen Geste wegen entlassen, sondern auch wegen seiner offen bekundeten antirassistisch-sozialistischen Haltung.

Die verschiedenen Berichte über Dr. Rivets Flucht aus Vichy-Frankreich unterscheiden sich stark. Hernández war offenkundig der Meinung, es sei ihm zu verdanken, dass Rivet ins kolumbianische Exil ging, während anderen Quellen zufolge Eduardo Santos ihn eingeladen hatte, nach Kolumbien zu kommen. In einer Tagebucheintragung vom 29. Dezember 1941, während er an Ausgrabungsarbeiten in Tierradentro teilnahm, schrieb Hernández:

Wann wird der gute Dr. Rivet aufhören, an diesem törichten Groll mir gegenüber festzuhalten? Habe ich ihm doch meine Loyalität bewiesen und ihm einen großen Dienst erwiesen. So ist das Leben. Das einzige, was bei [nicht zu entzifferndes Wort] bestimmten Menschen zählt, sind schöne Worte, Schmeicheleien. Mehr, viel mehr als bewiesene Loyalität und ein noch immer großer Freundschaftsdienst.
(Aus dem Tagebuch.)

Wie immer es sich wirklich verhielt, Hernández erwartete Dankbarkeit, die jedoch ausblieb, und zwischen den beiden Männern baute sich eine beträchtliche Spannung auf. Dabei hatte sich anfangs das Verhältnis zwischen Gregorio Hernández und Paul Rivet, wie es schien, als fruchtbar erwiesen: gemeinsam gründeten sie 1941 das Instituto Etnológico Nacional. Bald darauf jedoch verlor Hernández Prestige und Einfluss. Wichtig ist, zu verstehen, wie es kam, dass seine Querelen mit Paul Rivet seine allmähliche Entfremdung von der akademischen Welt zur Folge hatten.

Die Anthropologie-Studenten der jüngeren Generation sahen Dr. Rivet als den seriösen europäischen Wissenschaftler, während sie Hernández als einen lokalen Amateur betrachteten. Marcela Echeverri Muñoz wies darauf hin, dass diese Klassifizierung, die Hernández als Autodidakt abtat, genau die Strukturen offenbarte, die vom Kolonialismus und dem Wunsch der Anthropologen, als moderne und neutrale Wissenschaft wahrgenommen zu werden, geschaffen worden waren. Die größte Ironie jedoch bestand darin, dass Hernández mit der Überzeugung aus Europa zurückgekehrt war, diese europäischen Vorstellungen von intellektueller Überlegenheit entbehren jeder Grundlage, vielmehr seien die Amerikaner (beider amerikanischen Kontinente) die Hoffnung der Menschheit. Hernández fühlte sich – in seinem eigenen Land – heruntergestuft, in eine untergeordnete Position in die Welt der Ethnologie und Archäologie versetzt. Vor Rivets Ankunft war Hernández oft als der Begründer der Anthropologie in Kolumbien bezeichnet worden. Er hatte seine Rolle als Leiter archäologischer und ethnologischer Expeditionen genossen. Als Rivet auf den Plan trat, muss es Hernández sehr schwer gefallen sein, sich ihm zu beugen und nunmehr in einer untergeordneten Rolle zu sein.

Rivet war offenkundig absolute Loyalität und Ehrerbietung gewohnt. Aus seinem Brief an Maréchal Pétain ging klar hervor, dass er sich als den leitenden Mann sah, der mit dem Museum in Paris ein beachtliches „oeuvre" für die Menschheit zurückließ. Hernández, der „nur" ein ausländischer Student in Paris gewesen war, sah sich plötzlich in den stellvertretenden Direktor des Ethnologischen Instituts in Kolumbien verwandelt. Diese jähe Machtverschiebung in ihrer Beziehung war höchstwahrscheinlich der Grund für die Schwierigkeiten zwischen Rivet und Hernández. Hernández' Entfremdung von der akademischen Welt Kolumbiens begann, als er seine Position als Professor am Ethnologischen Institut aufgab. In seinem Rücktrittsbrief bezeichnete er die Spannungen zwischen ihm und Rivet als unerträglich.

So war es für Hernández ein Glück, als die Regierung der Vereinigten Staaten ihn 1943 einlud, sich an den Vorbereitungen und der Ausarbeitung des Handbuchs über die südamerikanischen Indios zu beteiligen, was ihm zu einer Atempause von seinen Streitigkeiten mit Rivet verhalf. Er verfasste mehrere Kapitel über die Ureinwohner Kolumbiens, die in das *Handbook of South American Indians* (1948) aufgenommen wurden. Überdies knüpfte er auf diese Weise lebenslange Beziehungen zu Anthropologen der Vereinigten Staaten, insbesondere zu John Rowe, der in der Folgezeit nach Kolumbien kam, um im Cauca zu arbeiten.

Rückkehr ins Departamento Cauca, 1946 – 1950

1946 lud der Rektor der Universität Cauca Gregorio Hernández ein, nach Popayán zu kommen und ein der Universität von Cauca angegliedertes Ethnologisches Institut zu gründen. Während Hernández bei dem Gedanken, im Departamento Cauca zu arbeiten, wahrscheinlich freudig erregt war, mag seine Rückkehr dorthin doch wie eine Exilierung in die Provinz gewirkt haben. Popayán war eine hübsche Kolonialstadt mit zahlreichen Kirchen, jedoch weit entfernt vom Zentrum des intellektuellen Lebens in Kolumbien. Aus dem geographischen

Exil wurde für ihn ein intellektuelles – nach seinen Querelen mit Rivet konnte er seine ehemalige Position in den intellektuellen Kreisen Bogotás niemals wiedererlangen, und seine ethnologischen Veröffentlichungen wurden immer weniger. Sein Status als Außenseiter in der akademischen Welt Kolumbiens brachte ihn dazu, dass er sich in seinen späteren Jahren auf politische Aktivitäten aus dem Staatsdienst heraus konzentrierte.

Doch waren die Jahre im Departamento Cauca insofern wichtig für ihn, als sich hier sein Engagement für soziale Anthropologie und „angewandte Anthropologie" festigte. Im Institut bildete Hernández eine neue Generation kolumbianischer Anthropologen heran, die ihre Feldarbeit im Cauca verrichteten und ihr Studium an der Universität von Cauca absolvierten. Rogerio Velásquez zum Beispiel führte die Feldarbeit für seine Graduierung im Cauca durch und wurde schließlich ein angesehener kolumbianischer Anthropologe. Hernández, seine Studenten und John Rowe schrieben ethnographische Tagebücher, die einen faszinierenden Einblick in die Gemeinwesen der Ureinwohner in den vierziger Jahren gewähren. Dieser innovative anthropologische Ansatz mit dem Akzent auf *angewandter* Anthropologie bewog künftige Generationen kolumbianischer Anthropologen, ihren Fokus zu erweitern und sich politisch zu engagieren. Seine Position als Amateuranthropologe, seine ethnographische Feldarbeit und seine Anwesenheit im Cauca in den vierziger Jahren dürften der Grund dafür gewesen sein, dass Gregorio Hernández sein Interesse, das dem Studium der Gemeinwesen der Ureinwohner gegolten hatte, auf deren öffentliche Unterstützung verlagerte. Als *indigenista* war er öffentlich für die Ureinwohner und ihre Kultur eingetreten, doch sobald er im Cauca lebte, unternahm er konkrete Schritte, um die Lebensumstände der Ureinwohner in ihren Gemeinwesen zu verbessern.

Sein aktives Bemühen schloss eine gewisse patriarchalische Haltung nicht aus. Sein Verhältnis zu dem Zeichner Francisco Tumiñá, einem Guambiano, der als José Antonio Tumiñá bekannt wurde, veranschaulicht diese Mischung aus Paternalismus und guten Absichten. Tumiñá wurde vom neu gegründeten Ethnologischen Institut in Popayán eingeladen, sein Dorf zu verlassen und die Ethnologen und Studenten in Popayán die Sprache der Guambianos zu lehren. Einen Ureinwohner, einen Indio einzuladen, Lehrer an einer Universität zu werden, war etwas absolut Neues in den vierziger Jahren. Hernández sah den Wert und den Reichtum der guambianischen Kultur und wollte sicherstellen, dass sie bewahrt wurde und dass die kolumbianischen Anthropologen sie zur Kenntnis nahmen. Doch finden wir in Hernández' Aufzeichnungen Hinweise darauf, dass Tumiñá auch Hausmeistertätigkeiten in den Büros des Instituts verrichten musste und dass ihm neben seiner Lehrtätigkeit Aufgaben wie die Reinigung der Fußböden aufgetragen wurden. Hier offenbart sich das inhärent ungleiche Machtverhältnis, das zwischen ihm und Hernández bestand.

Andererseits dehnte sich die Förderung, die Hernández ihm zuteil werden ließ, auf Tumiñás künstlerische Ambitionen aus. Hernández und Rowe arrangierten eine Ausstellung von Bildern Tumiñás in Bogotá und Popayán. Seine Zeichnungen wurden in einem Buch publiziert: *Nuestra gente – Namuy Misag: tierra, costumbres y creencias de los indios guambianos* (1949)*, und erschienen auch in größeren kolumbianischen Zeitungen. Tumiñá wurde schließlich Schullehrer, der erste Ureinwohner, der Guambianos unterrichtete.

*Das Buch, das hier erstmals in deutscher Übersetzung vorliegt. (Anm. d. Übers.)

Hernández war ein überzeugter Verfechter des zweisprachigen Unterrichts und wusste, welche wichtige Rolle einheimische Schullehrer beim Bewahren der Sprache und Kultur der Ureinwohner spielen konnten. Die *indigenistas* waren vertraut mit diesen Konzepten, doch Hernández war der einzige, der sie in die Praxis umzusetzen versuchte. Tumiñá reiste sogar nach Ecuador, um halb mechanisiertes Weben zu lernen. Die Reise wurde mit einem Stipendium der USA finanziert, das Hernández beantragt hatte, als er 1958 Direktor für Ureinwohner-Angelegenheiten wurde. Hernández hielt die Beziehung zu Tumiñá bis an sein Lebensende aufrecht.

Während seines Aufenthalts in Popayán entwickelte Hernández lebendige Beziehungen zu einer Anzahl von *indígenas* oder Ureinwohnern. Sein Sohn Carlos erinnert sich daran, dass sich oft Ureinwohner bei ihnen aufhielten und bei den Mahlzeiten mit am Tisch saßen. Sein Vater, auch daran erinnert sich Carlos, hatte seinen Söhnen verboten, das Wort *indio* zu gebrauchen, weil es eine rassistische Bezeichnung sei und im rassistischen Sinne in der kolumbianischen Gesellschaft gebraucht werde. Hernández' Einstellung unterschied sich krass von der Art und Weise, wie die meisten Nicht-*indígenas* sich in den vierziger Jahren den Ureinwohnern im Cauca gegenüber verhielten. Der englische Schriftsteller Christopher Isherwood, der 1947 durch den Cauca reiste, erzählte später in seinem Buch *The Condor and the Cows* (1949) überrascht, wie er einmal in Begleitung eines Afro-Kolumbianers und eines *indígena* in Silvia, nahe Popayán, in ein Restaurant ging. Der schwarze Kolumbianer durfte mit am Tisch sitzen, der *indígena* wurde in die Küche geschickt.

Die Zeit der *Violencia*, 1948 - 1953

Die Ermordung Jorge Eliécer Gaitán's im April 1948 löste nach offizieller Lesart das erste Stadium der Periode aus, die als *La Violencia* bekannt wurde, eine Zeit des Bürgerkriegs, in dem ungefähr 200.000 Menschen starben. Liberale kämpften gegen Konservative in ihrem Streben nach politischer Macht, doch stimmen die Historiker darin überein, dass sich die Fragen der sozialen Klasse und der ethnischen Zugehörigkeit im Verlaufe des Konflikts mit den parteipolitischen Streitigkeiten überschnitten. Für alle Intellektuellen, die der Liberalen Partei nahestanden oder angehörten, war diese Periode besonders schwierig, bis 1958 eine Übereinkunft zwischen den Konservativen und den Liberalen erreicht wurde.

Gregorio Hernández und seine Familie verließen das Departamento Cauca 1950, nachdem ein Paket Dynamit vor ihrem Haus in Popayán explodiert war. Am 12. Januar um 2.45 Uhr in der Frühe schreckte eine Explosion Hernández und seine Familie aus dem Schlaf. Der Luftdruck der Bombe hob den Gehweg, demolierte die Außenwände des Hauses und zerschmetterte zwei innere Fenster. Obwohl das Haus in der Nähe des Palacio Nacional und des Hauptquartiers der Polizei gelegen war, erschien zu Hernández' Erstaunen kein Polizist, und auch keine anderen Zivilisten kamen, um zu sehen, was geschehen war. In einem Brief, in dem er die Dynamitattacke anprangerte, bekundete Hernández auch seine Zugehörigkeit zur Liberalen Partei und erklärte, dass er, soweit ihm bewusst sei, keine Feinde in der Stadt Popayán hatte. Bleibt die Frage: Glaubte Hernández wirklich, dass er keine Feinde hatte? Falls es so war, muss Naivität ihn blind gemacht haben für die möglichen Konsequenzen seiner politischen Zugehörigkeit mitten während der *Violencia*. Nicht dass er die Gewalttätigkeit, die auf dem Land um sich griff, nicht wahrgenommen hätte – in seinen Briefen an amerikanische Kollegen erörterte er die schwierige politische Situation in Kolumbien. Doch mag er geglaubt haben, diese Gewalttätigkeit werde ihn nicht persönlich treffen, da er zur Elite gehörte. Seine Antwort an die Urheber der Gewalttat vor seinem Haus bestand darin, dass er sie als von Grund auf unzivilisiert und unerzogen charakterisierte.

Wieder in Bogotá, 1951 – 1974: Engagement aus dem Staatsdienst heraus

1951 kehrte Hernández nach Bogotá zurück. Er und seine Familie sahen sich in einer wirtschaftlich schwierigen Situation, da er an keiner Universität eine Stelle finden konnte. Sein Sohn schreibt dieses Scheitern seiner Zugehörigkeit zur Liberalen Partei zu. So wie seine Parteizugehörigkeit ihm den Weg zu einem Lehrstuhl versperrt haben mag, dürften seine Auseinandersetzungen mit den Schülern Paul Rivets zu seinen Schwierigkeiten beigetragen haben, eine Anstellung zu finden. Er war keineswegs der einzige intellektuelle Liberale, der keine Arbeit fand. Viele Anthropologen, die später bekannt wurden, wie zum Beispiel Virginia Gutiérrez de Pineda verließen aus diesem Grund das Land und ergriffen die Gelegenheit, ihre Ausbildung zu vertiefen. Schließlich gelang es Hernández, eine Stelle als Sekretär des Katholisch-Kolumbianischen Komitees für Immigration zu bekommen.

Als die Liberalen 1958 mit Alberto Lleras Camargo als Präsidenten wieder an die Macht kamen, wurde Hernández zum Direktor der *Jefatura de Resguardos Indígenas* (Behörde für kollektiven Landbesitz der Ureinwohner), einer Abteilung des Ministeriums für Landwirtschaft ernannt. Hernández ging nach der gleichen Methode vor wie bei der Gründung des archäologischen Instituts in den dreißiger Jahren: er suchte mit Hilfe seiner persönlichen Verbindungen Unterstützung bei den regierenden Liberalen, um für seine Arbeit mit Gemeinwesen der Ureinwohner institutionelle Unterstützung zu bekommen. Er vermochte Lleras Camargo davon zu überzeugen, dass es wichtig war, eine gesonderte Abteilung für Ureinwohner-Angelegenheiten zu schaffen, die direkt der Regierung und nicht der Behörde für kollektiven Landbesitz der Ureinwohner zugehören sollte. Im Dezember 1958 entstand dank einer Verfügung des Präsidenten das *Instituto Indigenista Nacional de Colombia* (Nationales Institut für die Förderung der Ureinwohner), dessen Leiter Hernández wurde. 1960 wurde die Abteilung für Ureinwohner-Angelegenheiten, zu der nun auch die Behörde für Landbesitz der Ureinwohner gehörte, direkt der Regierung unterstellt. Diese Maßnahme und der neue Name bedeuteten, dass die Regierung den Ureinwohner-Fragen besondere Wichtigkeit beimaß.

Während seiner Amtszeit als Direktor der Behörde für kollektiven Landbesitz der Ureinwohner holte Hernández auch die OIT (*Organización Internacional del Trabajo*, die International Labour Organisation) nach Kolumbien. Die OIT hatte bereits Programme in Ecuador, Peru und Bolivien etabliert. Sie vermittelte den Regierungen der Andenstaaten technische und finanzielle Hilfe bei der Aufgabe, die Ureinwohner zu „integrieren" und zugleich ihre Kultur zu respektieren. Die OIT diagnostizierte die Probleme der Ureinwohner im Cauca: sie rührten von Armut, Mangel an Zugang zu Landbesitz und vom Zusammenbruch traditioneller ethnischer Institutionen her. Nach gemeinsamer Beratung mit Hernández beschloss die OIT, alle Landarbeiter, die als Ureinwohner oder Indios auf kollektivem Landbesitz der Ureinwohner im Cauca lebten, zu erfassen. Das Innovative, ja Revolutionäre an dem Andenprogramm im Cauca war die Überlegung, dass es notwendig sei, die kollektiven ethnischen Institutionen zu bewahren und sie zu stärken, wenn man eine Modernisierung und die Integration in die Gesellschaft des Landes fördern wollte.

Die Rolle, die Hernández dabei spielte, war insofern entscheidend, als er beharrlich darauf hingewiesen hatte, dass der kollektive Landbesitz (die *resguardos*) von entscheidender Wichtigkeit für die Gemeinwesen der Ureinwohner sei. Einer der Gründe dafür, dass eine territoriale Basis im Hinblick auf eine ethnische Identität oder Ureinwohner-Identität geschaffen werden musste, bestand darin, dass in der Andenregion des Departamento Cauca die Grenzen zwischen der Zugehörigkeit zu den Ureinwohnern oder zu den Mestizen oft fließend waren. Die Hautfarbe und die Blutlinie waren nicht immer brauchbar als Kennzeichen einer ethnischen Identität. Und auch die Sprache war kein sicheres Kennzeichen, da manche Mitglieder der Gemeinwesen der Ureinwohner nicht mehr die Sprache ihrer Vorfahren sprachen.

Am 5. November 1959 entwarf Hernández ein Memorandum, in dem er die Politik umriss, die von der staatlichen Behörde verfolgt werden sollte. Seiner Meinung nach war die Regierung davon überzeugt, dass die Aufteilung der *resguardos* und die Zuteilung von Land an die Haushaltsvorstände für die meisten Ureinwohnerfamilien zum Verlust an Land führen musste. Das war ein starkes Statement in einem Moment, in dem die kolumbianische Regierung ihre Agrarreform durchzuführen versuchte. Hernández deutete an, dieser Landverlust resultiere daraus, dass die meisten Landarbeit verrichtenden Ureinwohner die entsprechenden Gesetze gar nicht kannten. Er schilderte, wie andere Leute die Ureinwohnerbevölkerung ausbeuteten, indem sie ihr Land zu niedrigen Preisen an sich brachten oder sie in anderen Fällen mit Gewalt zwangen, ihr Land zu verlassen. Das Ergebnis war, dass die Ländereien vieler Ureinwohner in die Hände einiger weniger Großgrundbesitzer gerieten, die große Rinder-Ranches betrieben. Wenn Land den Rinderfarmern übereignet wurde, dann, so führte Hernández aus, wurde der Ureinwohner, der nun kein Land mehr besaß, das er bestellen konnte, zu einem „sozialen Problem". Er wies darauf hin, dass die Aufteilung der *resguardos*, wenn sie nicht größere Konzentrationen von Land zur Folge hatte, zur Umwandlung des Landbesitzes in *minifundios* oder kleine Stücke Land führte, die nicht genügend Ertrag brachten. Außerdem erodierte die Aufteilung gemeinschaftlichen Landbesitzes die Einigkeit der Ackerbau betreibenden Ureinwohner und verminderte die Zusammenarbeit der Gemeinwesen, die bisher an dem jeweiligen *resguardo* beteiligt waren. Der daraus resultierende Verlust an Respekt vor den Ratsmitgliedern der Gemeinwesen wiederum führte zu „unsittlichem Verhalten" und Verlust an Respekt vor den Gesetzen, die innerhalb der *resguardos* galten.

Will man die Bedeutung dieses Memorandums verstehen, muss man in Betracht ziehen, dass die *Violencia* auf dem Land immer noch weiterging. Anders als die meisten Intellektuellen seiner Zeit schrieb Hernández die Gewalt in den ländlichen Regionen des Departamento Cauca nicht ausschließlich Klassenunterschieden und Fragen der Parteizugehörigkeit zu. Dank seiner Erfahrungen als *indigenista* argumentierte er auch weiterhin, dass die Landarbeit verrichtenden Ureinwohner sich von anderen Landwirtschaft betreibenden Menschen stark unterschieden. Statt die fortgesetzten Unruhen in Gebieten, wo die Ureinwohner ihre Gemeinwesen hatten, auf die Attraktion des Marxismus und die Parteizugehörigkeit zurückzuführen, konzentrierte er sich ganz auf Fragen der kulturellen Identität.

So spielte Hernández eine wichtige Rolle bei der Schaffung eines politischen Raumes, wo die Ureinwohner auf der Grundlage ihrer Kultur für ihre Rechte streiten und die Hegemonie der Parteipolitik umgehen konnten. Mit anderen Worten, weil die Gemeinwesen der Ureinwohner als „anders" dargestellt wurden, konnten sie für alternative Visionen Kolumbiens, unabhängig vom traditionellen Parteiensystem, kämpfen, ohne deswegen systematisch als subversive Kräfte kategorisiert zu werden.

Im Dezember 1959 nahm der kolumbianische Kongress ein neues Gesetz an, dem zufolge in Departamentos, in denen es mehr als zehn *resguardos* gab, eine Verwaltungseinheit geschaffen werden sollte. Diese Einheiten hatten die Aufgabe, das Gesetz 89 von 1890 (das die *resguardos* und die Räte der Ureinwohner schützte) durchzusetzen und die soziale und kulturelle Entwicklung der Reservate der Ureinwohner zu fördern. Aus der Korrespondenz zwischen Hernández und den Angestellten dieser Einheiten wissen wir, dass man sich dort ernsthaft bemühte, die ethnische Identität zu fördern und die Mitglieder der *resguardos* zu ermuntern, dass sie ihre *cabildos* oder Räte respektierten oder reformierten.

Von Anfang bis Ende seiner Amtszeit als Leiter der Abteilung für Ureinwohner-Angelegenheiten kämpfte Hernández für die Rechte der Ureinwohner und für die Sicherung ihres Landbesitzes. Unablässig schrieb er an die Behörden der Gemeinden und Provinzialregierungen und erinnerte sie an die Rechte, welche die Angehörigen der Gemeinwesen der Ureinwohner besaßen. Er entsandte Vertreter seines Amts ins Departamento Cauca, damit sie die Ureinwohner über ihre Rechte informierten und ihnen von der neuen Politik des kolumbianische Staates berichteten, die ausdrücklich den kollektiven Landbesitz unterstützte. Seine Regierungsvertreter ermutigten die Gemeinwesen der Ureinwohner, Räte zu wählen und sich zu organisieren.

Solche Maßnahmen waren nicht immer erfolgreich, und manchmal stießen Hernández' Intitiativen auf Misstrauen und Unverständnis. Wie García für das heutige Peru dokumentierte, sind die Beziehungen zwischen Außenseitern und den Gemeinwesen der Ureinwohner oft von Spannungen und Missverständnissen belastet, selbst wenn die Außenseiter ein ethnisches Programm verfechten und in Schulen die Sprache der Ureinwohner lehren – Aktivitäten, die theoretisch bei den Ureinwohnern Gefallen finden sollten. Trotz des überheblichen Ansatzes mancher Aktivisten, die auf die Macht des Staates verweisen, um ihr Programm den Gemeinwesen aufzuzwingen, hat die ethnische Identität der Ureinwohner in Peru neuerdings eine positivere Wendung genommen. Ein ähnlicher Prozess vollzog sich in den sechziger Jahren bei der Umformung des Konzepts der ethnischen Identität der Ureinwohner, bei der Hernández eine wesentliche Rolle spielte.

In den sechziger Jahren kämpfte Hernández mit Erfolg für die Zulassung des Summer Language Institute der Wycliffe Bible Church. Wie David Stoll 1982 darlegte, verteidigte Hernández das Summer Language Institute, weil das Erhalten der Ureinwohnersprachen in seinen Augen ein wesentliches Element beim Bewahren der Kulturen der Ureinwohner war und weil er in den protestantischen Missionaren ein Gegengewicht zu der überwältigenden Macht der katholischen Kirche in den von katholischen Missionaren beherrschten *territorios nacionales* sah. Allerdings trug diese Maßnahme Hernández die Feindschaft seiner Kollegen in der Anthropologie ein. Er wurde diffamiert und bezichtigt, ein Agent des US-Imperialismus zu sein. So verbrachte er seine letzten Lebensjahre als Leiter der Abteilung für Ureinwohner-Angelegenheiten in zunehmender Isolierung und Einsamkeit. Er starb 1973.

Ein politischer und diskursiver Raum

Obwohl seine Freundschaften mit prominenten liberalen Politikern und seine relativ privilegierte Position es möglich machten, dass seine Ansichten über die Ureinwohner, solange er Leiter der staatlichen Abteilung für Ureinwohner-Angelegenheiten war, maßgebend blieben, war sein Vermächtnis vornehmlich und an erster Stelle ein Vermächtnis der Ideen und der kulturellen Entwicklung. Der kolumbianische Staat war während der *violencia*, als Guerrilla-Bewegungen zunehmend auf die Prärogative des Staats übergriffen, zu schwach, als dass Hernández seine Ideen mit Hilfe von Regierungsvertretern hätte durchsetzen können. Der kolumbianische Staat und vor allem Hernández' Abteilung für Ureinwohner-Angelegenheiten waren nicht in der Lage, Gemeinwesen der Ureinwohner zu zwingen, die Maßgaben des Staats zu übernehmen. Das war, langfristig gesehen, ein Glücksumstand, denn so sollten die Ideen und Konzepte, die Hernández vorschlug, später angenommen, in Gesetze umgewandelt und voll gebilligt werden, gerade weil der kolumbianische Staat sich in keiner starken Position befunden hatte.

Die Schwäche des kolumbianischen Staats hatte zwei grundsätzliche Auswirkungen: sie schränkte die unmittelbare Wirkung dessen, was Gregorio Hernández geleistet hatte, zwar ein, schuf aber zugleich einen politischen und diskursiven Raum für neue Aktivisten, die aus den Gemeinwesen der Ureinwohner hervorgingen. Außerdem schuf sie einen Präzedenzfall, nach dem Aktivisten von außen die Ureinwohner beraten und sich an der Bildung der heutigen Bewegung der Ureinwohner beteiligen konnten. Es bedurfte nunmehr der Hingabe und des Mutes der politisch führenden Ureinwohner und ihrer Gemeinwesen, um den staatlichen Diskurs auf lokaler Ebene durchzusetzen und die lokalen Machtverhältnisse neu zu strukturieren.

Von 1958 an bis zu seinem Tod im Jahr 1973 entwickelte Gregorio Hernández seine Aktivitäten aus seiner Position im Staat heraus. Er verbrachte seine letzten sechzehn Jahre damit, das Leben einzelner Ureinwohner sowie die Situation in ihren Gemeinwesen zu verbessern. Er leistete zwei wesentliche pragmatische Beiträge: er suspendierte die Auflösung der *resguardos*, und er entsandte Regierungsvertreter in die verschiedenen Departamentos (in denen noch *resguardos* existierten), damit sie kollektive Landbesitz- und Führungsstrukturen einführten und vorantrieben. Ein Ergebnis dieser zwei Maßnahmen der Regierung und einer Reihe von Artikeln, die er in der nationalen Presse veröffentlichte, bestand darin, dass die kolumbianische Öffentlichkeit kollektiven Landbesitz fest mit den Ureinwohnern assoziierte. In der Vorstellungswelt der Kolumbianer war der Ureinwohner des Departamento Cauca jemand, der die traditionelle Autorität des Rats der Ureinwohner respektierte und an dem Recht auf kollektiven Landbesitz festhielt.

Gregorio Hernández, dieser bemerkenswerte Mann, widmete sich der Verbesserung der Lebensumstände anderer. Dass er zuweilen patriarchalisch herablassend war und vor allem ein hoffnungsloser Romantiker in seinen Beziehungen zu den Ureinwohnern und ihren Gemeinwesen, ist sicher wahr, doch hörte er niemals auf, für sein Ziel zu arbeiten: die Verbesserung der Lebensumstände der Ureinwohner. Es ist nicht unwichtig, die verschiedenen Stadien seines Lebens und seines persönlichen Kampfes zu verstehen, der später zu seinem Ausschluss aus der akademischen Welt Kolumbiens führte und zu seiner besonderen Art des idealistischen Engagements. Dieses Engagement machte ihn zu einem wichtigen Vorläufer und Wegbereiter der jüngsten Erfolge der politischen Bewegung der Ureinwohner.

Brett Troyan ist als Professorin am Department für Geschichte an der SUNY (State University New York) in Cortland, New York, tätig. Ihr Hauptforschungsgebiet sind die ethnischen Bewegungen, der *indigenismo* und die Bürgerrechte im Kolumbien des zwanzigsten Jahrhunderts. Sie arbeitet gegenwärtig an einem Buch über die Beziehungen zwischen dem Nationalstaat und der Bewegung der Ureinwohner in Kolumbien. <TroyanB@cortland.edu>

Der Aufsatz von Brett Troyan, der hier mit Genehmigung der Verfasserin erstmals in deutscher Sprache erscheint, wurde zuerst in der *European Review of Latin American and Carribean Studies*, 82, April 2007, veröffentlicht.
Anmerkungen der Verfasserin und bibliographische Hinweise können unter folgender Adresse im Internet aufgesucht werden: www.cedla.unva.nl/60_publications/PDF_files_publications/82RevistaEuropea/82-Troyan-ISSN-0924-0608.pdf.>

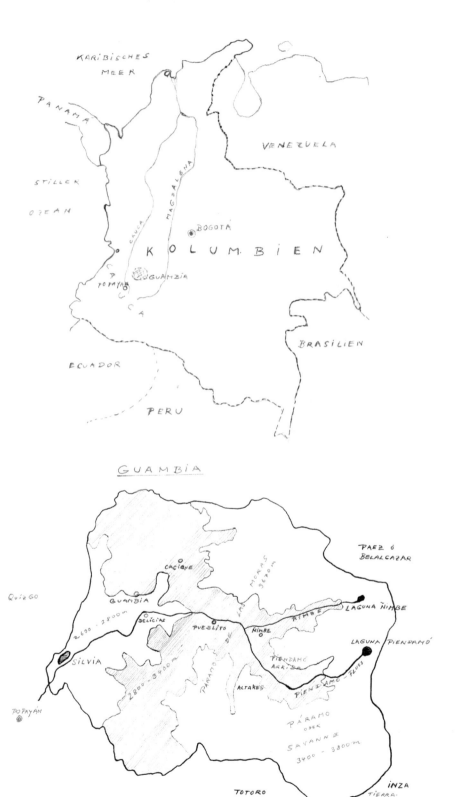

Glossar

01 Piéndamó: Für die Guambianos ist er der wichtigste Fluss. Er entspringt auf dem Páramo, in 3.600 m Höhe in der Lagune Piéndamó, durchquert Guambía, vorbei an den Orten Piéndamó Arriba, Ñimbe, La Campana, Pueblito, Puente Real, Las Delicias, fließt nahe dem Ort Piéndamó vorbei und weiter, bis er im Cauca-Fluss mündet.

02 Conquista: Eroberung Lateinamerikas durch die Spanier

03 Ruana: Wie der poncho wird die ruana von den Ureinwohnern mit handgesponnener Schafwolle handgewebt. Je nach Gegend auch mit farbigen Streifen geschmückt, oder ganz gefärbt. Seit längerem wird sie wie der poncho auch maschinell gewebt.

04 John H. Rowe: Gregorio Hernández holte 1946 den befreundeten Anthropologen aus den Vereinigten Staaten an das von ihm gegründete Ethnologische Institut der Universität der Provinz Cauca in Popayán. Beginn einer jahrelangen Zusammenarbeit.

05 Codices von Mexiko: In den Codices, Faltbüchern (Leporellos), hielten die Mayas, Azteken und Mixteken ihr Wissen um Religion und Geschichte sowie ihre Beobachtungen der Natur und der Gestirne fest.

06 Felipe Guaman Poma de Ayala (ca. 1550 - 1644): Schriftsteller indigener Herkunft im heutigen Peru. Sein Werk „Nueva Crónica y buen gobierno" (Neue Chronik und vorbildliche Regierung), verfasst auf Spanisch und zu einem kleinen Teil auf Quechua, ist eine Darstellung des Lebens der Inka sowie der Conquista, der Eroberung Lateinamerikas durch die Spanier. Die umfangreiche Chronik enthält annähernd 400 ganzseitige Zeichnungen.

07 Papa guasca: Bomarea, Caldasia, Guasca-Kartoffel, wilde Kletterpflanze, eine Art Wildkartoffel.

08 Lechero: Baum, Familie der Euphorbiaceae, Wolfsmilchgewächs. Verbreitet in den temperierten Gegenden Kolumbiens.

09 Páez: genannt „Los Nasa" oder „La Gente (Leute) Páez". Ihr Lebensraum befindet sich zum größten Teil in Tierradentro am östlichen Hang der Zentralkordillere und grenzt an das Gebiet der Guambianos.

10 Cuscungo-Uhu: Bubo virginianus (Virginia Uhu), wird bis zu 58 cm groß und lebt in einsamen, kalten und felsigen Bergregionen in 2.400 bis 4.000 m Höhe. Sein Erscheinen gilt auch bei benachbarten Stämmen als Omen: „Wenn ein kranker Mensch mit Sicherheit sterben wird,

kommt der Cuscungo aus den Bergen und ruft von einem Baum in der Nähe des Hauses des Kranken langsam *cuscungo, cuscungo* und endet mit dem furchterregenden Echo *cotocoto, cotocoto*. Bisher habe ich noch nie einen gesehen, aber es ist doch seltsam, dass dieser Bergvogel nur erscheint, wenn ein Mensch im Sterben liegt und dass er sich in einem Baum in der Nähe des Hauses des Kranken niederlässt." (Elsie C. Parsons, Peuchecanton of Otavalo, Chicago 1945)

11 Pijao: Die Pijao leben in der Provinz Tolima, die süd-östlich an die Provinz Cauca, beim Schneeberg Huila, 5.750 m, an das Gebiet der Páez grenzt. Sie leben weit verstreut, bis in die kalten Bergregionen und die tropischen Täler der oberen Flussläufe des Cauca und Magdalena. Die Pijao waren grausame, kannibalische Krieger, jedoch berühmt für ihre Kunstfertigkeit (Goldschmuck, Keramik).

12 Máma Manuela Caramaya: Der Legende nach stammen von ihr alle Guambianos ab und einige Male soll sie ihr Volk vorm Untergang gerettet haben.

13 Frailejon: Espeletia. Der frailejón ist ein Halbstrauch aus der Familie der Asteraceae. Die schönen gelbblühenden frailejónes (Mönchsgewächse) gedeihen auf den Páramos bis 4000 m Höhe.

14 Guasguí: Heilpflanze vom Páramo.

15 Olvidador: Pflanze vom Páramo mit magischen Kräften.

16 Guayabilla-Baum oder Strauch: Samyda dodecandra, Familie der Flacourtiaceae.

17 Puracé: Ort südöstlich von Popayán und nordwestlich vom 4.646 m hohen Vulkan Puracé.

18 Ullucos: (Ullucus tuberosus) in den Anden weit verbreitete Knollenfrucht, die als Gemüse zubereitet wird und von den Inkas schon vor der Ankunft der Spanier kultiviert wurde.

19 Kipusystem: geknotete Schnüre zur Erinnerung von Berichten und Überbringung von Nachrichten, von den Inkas in Perú erfunden. Kipu bedeutet Knoten.

20 Panela: quaderförmige harte braune Tafeln verkochter Zuckerrohrmelasse.

21 Guagua, borugo (cunículus paca): Nagetier, 60 bis 80 cm lang, nächtlicher Pflanzenfresser. Beliebt wegen seines wohlschmeckenden Fleisches.

22 Alpargatas: leichte Sandalen mit Oberteil aus Stoff und Sohlen aus Leder oder geflochtenem Hanf

23 Chibcha: Ureinwohner, deren Kulturen sich, ausgehend von den kolumbianischen Kordilleren, vom Nicaragua-See bis ins mittlere Ecuador erstreckten. Eine herausragende Gruppe der Chibcha-Völker waren die Muisca auf der Savanne von Bogotá.

24 Bachúe: Die „Muisca", ein Stamm des mächtigen „Chibcha"-Reiches, glaubten an die Göttin „Bachúe", die Urmutter der Menschheit. Sie ist, wie es heisst, der legenderen Iguaque-Lagune, mit einem Baby in ihren Armen entstiegen. Das Baby wuchs heran zu ihrem Gemahl „Iguaque". Sie bevölkerten die Erde und verwandelten sich danach in Schlangen, ehe sie wieder in der heiligen Lagune verschwanden

25 Percal: die dichtesten, ursprünglich ostindischen, leinwandartigen Gewebe aus Baumwolle, weiß oder bedruckt, in verschiedenen Abstufungen der Feinheit.

26 Tiple: Saiteninstrument, ähnlich der Gitarre, nur etwas kleiner. Es besitzt vier Chöre mit je drei Stahlsaiten, die geschlagen oder gezupft werden.

27 Bambuco-Tanz: Die ursprüngliche Musik zu diesem traditionellen Volkstanz kommt aus den Anden-Regionen Kolumbiens. Sie hat entweder einen 6/8- oder 3/4-Takt, wird meist im Duett gesungen und von Gitarre und „Tiple" begleitet. In Popayán und der Cauca-Region wird der Bambuco bei Festen getanzt.

28 Sumo: (spanisch zumo): Saft, Brei.

29 Borrachero oder yas (Brugmansia vulcanicola): Die langen glockenförmigen Blüten des Baumes strömen einen lieblichen, jedoch giftigen Duft aus. Er raubt den unter ihm weilenden Menschen die Erinnerung und gibt ihnen das Gefühl, wie auf Adlerschwingen zu fliegen.

30 Lul dzí: Lianenstrauch.

31 Calambás (Pustelstrauch): Nach dem Glauben der Guambianos waren diese Pflanzen einst Personen, denn manche Guambianos haben dieselben Nachnamen. So waren Payán und Calambás berühmte Caciques im 15. Jahrhundert.

32 Pitahanfstrick: aus Pitahanf geflochten.

33 Hacienda: Landgut, Farm.

34 Quizgó: Resguardo westlich von Guambía.

Inhalt

6 **Vorwort**

8 **Einführung**

13 **Natur**
14 Blumen
16 Vögel im Baum
20 Die Savanne
22 Die Königs-Brücke
24 Die Brücke der Altäre

27 **Mutter Erde**
28 Brennholz sammeln
30 Minga - Gemeinsame Landarbeit
32 Zwiebeln ausjäten
34 Kartoffeln anhäufeln
36 Die Falle
38 Auf dem Markt

41 **Der Rancho**
42 Das strohgedeckte Haus
46 Die Küche
48 Mahlen

51 **Die Arbeitspausen der Indios**
52 Der Ruana-Webstuhl
54 Weben
56 Hüte flechten

59 **Anfang und Ende**
60 Die Ehe bei den Guambianos
64 Bei dem Toten wachen

67 **Die Seele der Pflanzen**
68 Die Guasca-Kartoffel
70 Kobold und Wildkartoffel
72 Frau zu Füßen des Borrachero
74 Die Liane und die Hündin

77 **Mythos - Legende - Wirklichkeit**
78 Der Blitzstrahl
80 Der Wind
82 Pedro de Urdimales
84 Doña Manuela Caramaya
88 Doña Manuela und die Pijao
90 Die Legende von der Lagune
94 Der Geist des Menschen
   und der Zaubervogel

96 **Nachwort**

98 **Brett Troyan:**
   Gregorio Hernández de Alba (1904-1973)
   oder Die Legitimierung der ethnischen
   Politik der Ureinwohner Kolumbiens

116 **Karten, Glossar**